edition suhrkamp

Redaktion: Günther Busch

Theodor W. Adorno, geboren am 11. September 1903 in Frankfurt am Main, gestorben am 6. August 1969, lehrte in Frankfurt als ordentlicher Professor für Philosophie und Direktor des Instituts für Sozialforschung an der Johann Wolfgang Goethe-Universität. Schriften: *Kierkegaard; Philosophie der neuen Musik; Minima Moralia; Versuch über Wagner; Prismen; Dissonanzen; Zur Metakritik der Erkenntnistheorie; Noten zur Literatur I, II* und *III; Klangfiguren; Mahler; Einleitung in die Musiksoziologie; Der getreue Korrepetitor; Eingriffe; Drei Studien zu Hegel; Quasi una fantasia; Moments musicaux; Jargon der Eigentlichkeit; Negative Dialektik; Ohne Leitbild; Impromptus; Stichworte; Dialektik der Aufklärung* (gemeinsam mit Max Horkheimer). Von den *Gesammelten Schriften* sind bisher 16 Bände erschienen.

Theodor W. Adorno hat immer wieder zu großen öffentlichen Fragen Stellung bezogen. Unsere Ausgabe sammelt neun kulturpolitische Aufsätze, neun *Eingriffe* in Probleme, Ideologien und Tabus.

Theodor W. Adorno
Eingriffe
Neun kritische Modelle

Suhrkamp Verlag

edition suhrkamp 10
1. Auflage 1963

Satz in Linotype Garamond bei MZ-Verlagsdruckerei GmbH, Memmingen. Druck: Nomos Verlagsgesellschaft, Baden-Baden. Gesamtausstattung Willy Fleckhaus.

11 12 13 14 15 16 – 89 88

Eingriffe

Der Sprache widerfährt ihr Unheil nicht bloß in ihren einzelnen Worten und ihrem syntaktischen Gefüge. Viele Wörter backen im Sog der Kommunikation, vor allem Sinn und wider ihn, in Klumpen sich zusammen. Karl Kraus hat das erkannt und an Wendungen wie »ausgebaut und vertieft« zärtlich fast verfolgt.
Solch ein Klumpen ist auch der verbotene Eingriff, der sich anzuschließen pflegt an das Verhältnis, das nicht ohne Folgen blieb. Vermutlich ist der sprachliche Mißbrauch zu eingefleischt, als daß der objektive Geist ihn sich abgewöhnen ließe. Wohl aber ist beim Wort zu nehmen, was den Worten geschah. Wird zu den Eingriffen schon einmal das Verbot assoziiert, so sollen Erwägungen, die eingreifen wollen, metaphorisch wenigstens daran sich erinnern, Tabu und Einverständnis verletzen.
Thematisch reichen die Aufsätze von sogenannten großen philosophischen Gegenständen über politische bis zu einigermaßen ephemeren Anlässen; von beruflich-akademischen Erfahrungen zu sehr unakademischen Komplexen. Danach richtet sich auch die Darstellung; je nach dem Dargestellten variiert ihre Verbindlichkeit und Dichte. Sprache, die sich verselbständigt gegenüber dem, was die wechselnden Sachen verlangen, ist kein Stil. Überall jedoch, auch wo Aktuelles behandelt wird, geht es gegen das gleiche Unwesen, von dem alles Einzelne abhängt und das doch nur im Einzelnen erscheint.
Dafür drängte ein Stichwort sich auf, das ohne Absicht in vielen der Aufsätze wiederkehrt: das verdinglichte Bewußtsein, in das die Aufsätze eingreifen möchten, ob sie nun dem geisteswissenschaftlichen Betrieb gelten oder der Stellung der Lehrer zur Philosophie, dem Cliché von den

zwanziger Jahren oder dem bösen Nachleben der Sexualtabus, der präparierten Welt des Fernsehens oder der losgelassenen Meinung. Diese Einheit schreibt zugleich die Grenze vor: daß Bewußtsein kritisiert wird, wo es nur Reflex der Realität ist, die es trägt.
Die praktischen Aussichten sind darum beschränkt. Wer überhaupt Vorschläge anmeldet, macht leicht sich zum Mitschuldigen. Die Rede von einem Wir, mit dem man sich identifiziert, schließt bereits Komplizität mit dem Schlechten ein und den Trug, guter Wille und Bereitschaft zu gemeinsamem Handeln vermöchten etwas zu erreichen, wo jener Wille ohnmächtig ist und die Identifikation mit hommes de bonne volonté eine verkappte Gestalt des Übels. Reine Gesinnung jedoch, die sich Eingriffe versagt, verstärkt ebenfalls, wovor sie zurückschreckt. Den Widerspruch zu schlichten steht nicht bei der Reflexion; ihn diktiert die Verfassung des Wirklichen. In einem geschichtlichen Augenblick aber, da allerorten Praxis abgeschnitten dünkt, die aufs Ganze sich bezöge, mögen selbst armselige Reformen mehr Recht annehmen, als ihnen an sich gebührt.

Dezember 1962

Inhalt

Theodor W. Adorno (1962),
in: Eingriffe. Neun kritische
Modelle, Frankfurt a.M. [1]1963

Wozu noch Philosophie

Bei einer Frage wie ‚Wozu noch Philosophie', für deren Formulierung ich selbst verantwortlich bin, obwohl ich den amateurhaften Klang nicht überhöre, wird man im allgemeinen die Antwort erraten, einen Gedankengang erwarten, der alle möglichen Schwierigkeiten und Bedenken anhäuft, um schließlich, mehr oder minder vorsichtig, in ein Jedennoch zu münden und das rhetorisch Bezweifelte zu bejahen. Dieser allvertraute Ablauf entspricht konformistischer und apologetischer Haltung; sie trägt sich als positiv vor und rechnet vorweg mit Einverständnis. Vollends traut man einem nichts Besseres zu, der von Amts wegen Philosophie lehrt, dessen bürgerliche Existenz davon abhängt, daß sie weiter betrieben wird, und der die eigenen handgreiflichen Interessen verletzt, sobald er sich dagegen äußert. Einiges Recht, trotzdem die Frage aufzuwerfen, habe ich bloß deshalb, weil ich der Antwort keineswegs gewiß bin.

Wer eine Sache verteidigt, die der Geist des Zeitalters als veraltet und überflüssig abtut, begibt sich in die ungünstigste Position. Seine Argumente klingen schwächlich beflissen. Ja aber, bedenken Sie doch, sagt er, als trachte er, solchen etwas aufzuschwatzen, die es nicht wollen. Diese Fatalität muß einbeziehen, wer von der Philosophie nicht sich abbringen läßt. Er muß wissen, daß sie nicht mehr für die Techniken der Bemeisterung des Lebens – Techniken im wörtlichen und übertragenen Sinn – verwendbar ist, mit denen sie so vielfach sich verschränkte. Philosophie bietet auch kein Medium der Bildung jenseits dieser Techniken mehr, wie während der Epoche Hegels, als ein paar kurze Jahrzehnte lang die damals schmale Schicht der deutschen Intellektuellen in ihrer kollektiven Sprache sich verständigte. Der Krisis des humanistischen Bildungsbegriffs, über die ich nicht viel Worte zu machen brauche, ist Philosophie als erste Disziplin im öffentlichen Bewußtsein erlegen, nachdem sie ungefähr seit Kants Tod durch ihr Mißverhältnis zu den positiven Wissenschaften, zumal denen von der Natur, sich verdächtig gemacht hatte. Die Kant- und Hegelrenaissancen, in deren Namen schon das Unkräftige sich anzeigt, haben daran nicht viel geändert. Schließlich hat Philosophie in der allgemeinen Situation von Verfachlichung selbst ebenfalls als Spezialfach sich etabliert, dem des von allen Sachgehalten Gereinigten. Sie hat dadurch verleugnet, woran sie ihren eigenen Begriff besaß: Freiheit des Geistes, der dem Diktat des Fachwissens nicht pariert. Sie hat zugleich durch Abstinenz von bestimmtem Inhalt, sei's als formale Logik und Wissenschaftslehre, sei's als Sage von einem allem Seienden entrückten Sein, ihren Bankrott den realen gesellschaftlichen Zwecken gegenüber erklärt. Freilich setzte sie nur das Siegel unter einen Prozeß, der weithin ihrer eigenen Geschichte gleichkam. Immer mehr Bezirke wurden ihr entrissen und verwissenschaftlicht; ihr blieb kaum eine Wahl, als entweder selber auch eine Wissenschaft zu werden oder eine winzige und tolerierte Enklave, die als solche bereits dem widerstreitet, was sie sein möchte: ein nicht Partikulares. Noch die Newtonsche Physik hieß Philosophie. Das moderne wissenschaftliche Bewußtsein sähe darin einen archaischen Rest, Rudiment jener Epoche früher griechischer Spekulation, in der handfeste Naturerklärung und sublime Metaphysik im Namen des Wesens der Dinge ungeschieden noch ineinander waren. Entschlossene haben darum solche Archaik als das allein Philosophische proklamiert und wiederherzustellen gesucht. Aber das am zerspaltenen Zustand leidende Bewußtsein, das aus Not vergangene Einheit beschwört, widerspricht dem Inhalt, den es sich zu geben trachtet. Daher muß es willkürlich seine

Ursprache veranstalten. Restauration ist in der Philosophie so vergeblich wie sonstwo. Diese müßte vorm Bildungsgeklapper sich hüten und vorm weltanschaulichen Abrakadabra. Sie darf sich auch nicht einbilden, wissenschaftstheoretische Facharbeit, oder was sonst als Forschung einherstolziert, sei Philosophie. Eine schließlich jedoch, die all das sich verbietet, tritt in unversöhnlichen Gegensatz zum herrschenden Bewußtsein. Nichts sonst enthebt sie dem Verdacht der Apologetik. Philosophie, die dem genügt, was sie sein will, und nicht kindlich hinter ihrer Geschichte und der realen hertrottet, hat ihren Lebensnerv am Widerstand gegen die heute gängige Übung und das, dem sie dient, gegen die Rechtfertigung dessen, was nun einmal ist.

Auch die höchste Erhebung philosophischer Spekulation bis heute, die Hegelsche, ist nicht mehr verpflichtend. Gerade wer, nach den Klassifikationen der öffentlichen Meinung, denen keiner entgeht, der öffentlich etwas tut, unter die Dialektiker eingereiht wird, muß die Differenz von Hegel aussprechen. Es ist keine der individuellen Überzeugung. Sondern sie wird gefordert von der Bewegung der Sache selbst, der rein sich zu überlassen kein anderer als Hegel vom Gedanken verlangt. Der Totalitätsanspruch der traditionellen Philosophie, kulminierend in der These von der Vernünftigkeit des Wirklichen, ist nicht zu trennen von Apologetik. Die aber ist absurd geworden. Philosophie, die sich noch als total, als System aufwürfe, würde zum Wahnsystem. Gibt sie jedoch den Anspruch der Totalität auf; beansprucht sie nicht länger mehr, aus sich heraus das Ganze zu entfalten, das die Wahrheit sein soll, so gerät sie in Konflikt mit ihrer gesamten Überlieferung. Das ist der Preis, den sie dafür zu zahlen hat, daß sie, vom eigenen Wahnsystem geheilt, das der Realität nennt. Nicht länger ist sie dann ein sich selbst genügender, stringenter Begründungszusammenhang. Ihrem Zustand in der Gesellschaft, den sie selber noch durchdringen sollte und nicht verleugnen, entspricht ihr eigener verzweifelter: die Notwendigkeit zu formulieren, was heute unter dem Titel des Absurden selbst schon wieder von der Maschinerie erfaßt ist. Philosophie, wie sie nach allem allein zu verantworten wäre, dürfte nicht länger des Absoluten sich mächtig dünken, ja müßte den Gedanken daran sich verbieten, um ihn nicht zu verraten, und doch vom emphatischen Begriff der Wahrheit nichts sich abmarkten lassen. Dieser Widerspruch ist ihr Element. Es bestimmt sie als negative. Kants berühmtes Diktum, der kritische Weg sei allein noch offen, gehört zu jenen Sätzen, in denen die Philosophie, aus der sie stammen, die Probe besteht, indem sie, als Bruchstücke, das System überdauern. Freilich rechnet die Idee der Kritik selbst zu der heute zerrütteten Tradition von Philosophie. Während mittlerweile der Schauplatz jeder Erkenntnis so sehr von den Spezialwissenschaften beschlagnahmt ist, daß der philosophische Gedanke sich terrorisiert fühlt und fürchtet, als dilettantisch sich widerlegen lassen zu müssen, wo immer er inhaltlich wird, ist reaktiv der Begriff der Ursprünglichkeit zu unverdienten Ehren gelangt. Je verdinglichter die Welt, je dichter das Netz, das der Natur übergeworfen wurde, desto mehr beansprucht ideologisch das Denken, das jenes Netz spinnt, seinerseits Natur, Urerfahrung zu sein. Die überlieferten Philosophen dagegen waren seit den gespriesenen Vorsokratikern Kritiker. Xenophanes, auf dessen Schule der heute gegen den Begriff gewendete Begriff des Seins zurückdatiert, wollte die Naturkräfte entmythologisieren. Die Platonische Hypostasis des Begriffs zur Idee wiederum wurde von Aristoteles durchschaut. In der Moderne hat Descartes die Scholastik der Dogmatisierung bloßen Meinens überführt. Leibniz war der Kritiker des Empirismus; Kant der Leibnizens und Humes in eins; Hegel der Kants, Marx der Hegels. Bei ihnen allen war Kritik nicht die bloße Zutat zu dem, was man im Jargon der Ontologie vor dreißig Jahren ihren Entwurf genannt hätte. Sie dokumentierte keinen nach Geschmack einzunehmenden Standpunkt. Sondern sie lebte im triftigen Argument. Jene Denker hatten in Kritik die eigene Wahrheit. Sie allein, als Einheit des Problems und der Argumente, nicht die Übernahme von Thesen, hat gestiftet, was als produktive Einheit der Geschichte der Philosophie gelten mag. Im Fortgang solcher Kritik haben auch diejenigen Philosophien ihren Zeitkern, ihren geschichtlichen Stellenwert gewonnen, deren Lehrgehalt auf dem Ewigen und Zeitlosen beharrte.

Philosophische Kritik heute nun ist mit zwei Schulen konfrontiert, die als Geist der Zeit, gewollt oder ungewollt, übers akademische Gehege hinaus wirken. Sie divergieren und sind gleichwohl komplementär. Zumal in den angelsächsischen Ländern hat der ursprünglich von dem Wiener Kreis inaugurierte logische Positivismus an Boden gewonnen bis zum Monopol. Vielen dünkt er als modern im Sinn konsequentester Aufklärung, als dem, wie man so sagt, technisch-wissenschaftlichen Zeitalter adäquat. Was ihm nicht sich einfügt, sei Restbestand von Metaphysik, ihrer selbst unbewußte Mythologie oder, nach der Sprache der Kunstfremden, Kunst. Dagegen stehen, vorab im deutschen Sprachbereich, die ontologischen Richtungen. Unter ihnen treibt die Heideggersche, übrigens in den Veröffentlichungen seit der sogenannten Kehre dem Wort Ontologie eher abhold, Archaik am weitesten, während ihre französische Spielart, der Existentialismus, den ontologischen Ansatz aufklärerisch und mit politischem Engagement umbildete. Positivismus und Ontologie sind einander anathema; jener hat durch einen seiner Hauptexponenten, Rudolf Carnap, die Theorie Heideggers, und zwar zu Unrecht, als sinnleer attackiert. Umgekehrt heißt das positivistische

Denken den Ontologen Heideggerscher Provenienz seinsvergessen; es profaniere die eigentliche Frage. Man fürchtet mit dem bloß Daseienden, das die Positivisten allein in Händen behalten, die Hände sich zu beschmutzen. Um so schlagender die Koinzidenz der beiden Richtungen in einem Entscheidenden. Sie haben Metaphysik als gemeinsamen Feind erkoren. Daß diese, weil sie wesentlich hinausgeht über das, was der Fall ist, vom Positivismus nicht geduldet wird, dessen eigener Name ja besagt, daß er sich ans Positive, Daseiende, Gegebene halten wolle, bedarf keiner Erläuterung. Aber auch Heidegger, geschult in der metaphysischen Tradition, hat von ihr nachdrücklich sich abzugrenzen gesucht. Metaphysik tauft er das Denken zumindest seit Aristoteles, wenn nicht schon das Platonische, insofern es Sein und Seiendes, Begriff und Begriffenes – man könnte, in einer freilich von Heidegger mißbilligten Sprache, auch sagen: Subjekt und Objekt trennt. Das scheidende, zerteilende Denken, das durch Reflexion zerstöre, was die Worte selber sagen, also all das, was Hegel die Arbeit und Anstrengung des Begriffs nannte und der Philosophie gleichsetzte, sei bereits Abfall von dieser und nicht einmal reparabel, sondern im Sein selbst, ‚seinsgeschichtlich' vorgezeichnet. Beide Male, bei den Positivisten und bei Heidegger, zumindest in dessen späterer Phase, geht es gegen Spekulation. Dort wird der Gedanke, der selbständig, deutend über die Fakten sich erhebt und von diesen nicht ohne Rest eingeholt werden kann, als leere und eitle Begriffsspinnerei verfemt; Heidegger zufolge aber verfehlt das Denken in dem von der abendländischen Geschichte geprägten Sinn zutiefst die Wahrheit. Diese sei ein an sich Erscheinendes, sich Entbergendes; legitimes Denken nichts als die Fähigkeit, es zu vernehmen. Hintersinnig wird Philologie zur philosophischen Instanz. Unter dem Aspekt dieser gemeinsamen Aversion gegen Metaphysik ist es weniger paradox als auf den ersten Blick, wenn jüngst ein Schüler Heideggers, der in Kiel wirkende Walter Bröcker, Positivismus und Seinsphilosophie kombinieren wollte, indem er dem Positivismus den gesamten Bereich des Daseienden einräumte und wie eine höhere Schicht die Seinslehre, ausdrücklich als Mythologie, darüber legte. Das Sein, in dessen Namen Heideggers Philosophie mehr und mehr sich zusammenzieht, ist ihm als ein dem passiven Bewußtsein rein sich Darstellendes ähnlich unmittelbar, von den Vermittlungen des Subjekts unabhängig wie den Positivisten die Gegebenheiten, die sinnlichen Daten. Denken wird beiden Richtungen zum notwendigen Übel, tendenziell diskreditiert. Es verliert das Moment von Selbständigkeit. Die Autonomie der Vernunft entschwindet; das an ihr, was sich nicht erschöpft im Nachdenken eines Vorgegebenen, dem sie sich anmißt. Damit aber auch die Konzeption der Freiheit und virtuell die der Selbstbestimmung der menschlichen Gesellschaft. Verböte nicht den meisten Positivisten ihre humane Gesinnung, so weit zu gehen, so müßten sie auch für die Praxis die Anpassung an die Tatsachen fordern, denen gegenüber Denken ohnmächtig sei, bloße Antizipation oder Klassifikation, hinfällig gegenüber dem Einzigen, was zählt, dem, was nun einmal ist. Bei Heidegger jedoch wäre Denken, als ehrfürchtig begriffsloses, passives Lauschen auf ein Sein, das immer nur Sein sagt, ohne kritisches Recht und genötigt, unterschiedslos vor allem zu kapitulieren, was auf die schillernde Seinsmächtigkeit sich berufen kann. Heideggers Einordnung in den Hitlerschen Führerstaat war kein Akt des Opportunismus, sondern folgte aus einer Philosophie, die Sein und Führer identifizierte.

Ist Philosophie noch nötig, dann wie von je als Kritik, als Widerstand gegen die sich ausbreitende Heteronomie, als sei's auch machtloser Versuch des Gedankens, seiner selbst mächtig zu bleiben und angedrehte Mythologie wie blinzelnd resignierte Anpassung nach ihrem eigenen Maß des Unwahren zu überführen. An ihr wäre es, solange man sie nicht wie im christianisierten Athen der Spätantike verbietet, der Freiheit Zuflucht zu verschaffen. Nicht daß sich hoffen ließe, sie könne die politischen Tendenzen brechen, die in der gesamten Welt von innen und außen Freiheit abdrosseln, und deren Gewalt sich fortsetzt bis tief in die philosophischen Argumentationszusammenhänge hinein. Was im Innern des Begriffs sich vollzieht, darin erscheint stets auch etwas von der realen Bewegung. Sind aber die beiden Heteronomien die Unwahrheit und läßt diese zwingend sich demonstrieren, dann fügt das nicht nur der trostlosen Kette der Philosophien ein neues Glied hinzu, sondern meldet auch eine Spur von Hoffnung an, Unfreiheit und Unterdrückung, das Übel, das so wenig eines philosophischen Beweises bedarf, daß es das Übel sei, wie daß es existiert, möchte doch nicht das letzte Wort behalten. Solche Kritik hätte die beiden vorherrschenden Richtungen als abgespaltene Momente einer Wahrheit zu bestimmen, die geschichtlich zwangshaft sich entzweite. So wenig sie zu einer sogenannten Synthese zusammenzuleimen sind, sie wären doch in sich selbst zu reflektieren. Falsch am Positivismus ist, daß er die nun einmal gegebene Arbeitsteilung, die der Wissenschaften von der gesellschaftlichen Praxis und die innerhalb der Wissenschaft, als Maß des Wahren supponiert und keine Theorie erlaubt, welche die Arbeitsteilung selbst als abgeleitet, vermittelt durchsichtig machen, ihrer falschen Autorität entkleiden könnte. Wollte Philosophie im Zeitalter der Emanzipation Wissenschaft begründen und hat sie sich in Fichte und Hegel als die alleinige Wissenschaft interpretiert, so wird dem Positivismus das von den Wissenschaften abgezogene allgemeinste Gefüge, ihre schon eingeschliffene und gesellschaftlich verhärtete Verfahrensweise, zur Philosophie, der Betrieb zur Rechtfertigung seiner selbst, ein Zirkel, an dem die Fanatiker logischer Sauberkeit erstaunlich wenig sich stören. Philosophie demissioniert, indem sie dem sich gleichsetzt, was von ihr erst sein Licht empfangen sollte. Die Existenz der Wissenschaft telle quelle, wie sie im gesellschaftlichen Geflecht und mit all seinen Unzulänglichkeiten und Irrationalitäten vorkommt, wird zum Kriterium ihrer eigenen Wahrheit. In solchem Respekt vorm Verdinglichten ist der Positivismus verdinglichtes Bewußtsein. Bei aller Feindschaft gegen die Mythologie verrät er den antimythologischen Impuls der Philosophie, das bloß von Menschen Gemachte zu durchschlagen und auf sein menschliches Maß zurückzuführen.

Die Fundamentalontologie jedoch verblendet sich gegen die Vermittlung nicht des Tatsächlichen sondern des Begriffs. Sie unterdrückt die Erkenntnis, daß jene Wesenheiten oder wie immer sie es bei fortschreitender Sublimierung nennen mag, die sie gegen die Tatsachen des Positivismus ausspielt, immer auch Denken, Subjekt, Geist sind. Gerade das Subjekt- und Bedingtsein weist zurück auf ein nicht aus dem Sein bruchlos entspringendes Seiendes: auf die vergesellschafteten Menschen. Im Sanktuarium des Gehäuses, in dem die Philosophie der Repristination ebenso vor der Profanität des bloßen Faktums sich verschanzt wie vor den Begriffen, die als von den Fakten getrennte und sie unter sich befassende Einheiten den Fakten zugeordnet sind, begegnet das Gespaltene wieder, vor dem die Künder des Ungeteilten sich gefeit wähnen. Ihre Worte sind unweigerlich Begriffe, wofern sie überhaupt gedacht werden sollen; Denken aber möchte die Seinslehre noch im entschlossenen Archaismus sein. Wie jedoch die Begriffe ihrem eigenen Sinn nach ein sie Erfüllendes fordern; wie nach Hegels unüberholter Einsicht der bloße Gedanke von Identität ein Nichtidentisches erheischt, von dem allein Identität kann ausgesagt werden: so sind noch die reinsten Begriffe immanent, und gar nicht erst polar, auf ihr Anderes angewiesen. Denken selbst, dessen Funktion alle Begriffe sind, kann nicht vorgestellt werden ohne die

Tätigkeit irgend Denkender, die das Wort Denken benennt. In dieser Rückbeziehung ist als Moment bereits enthalten, was nach idealistischem Brauch vom Begriff erst konstituiert werden, und was nach seinsmythologischem, samt dem Begriff, Epiphänomen eines Dritten sein soll. Ohne die Bestimmung durch jene beiden Momente wäre dies Dritte ein ganz Unbestimmtes; es überhaupt nur zu nennen, läuft auf die Bestimmung durch die emsig verleugneten Momente hinaus. Noch das Kantische transzendentale Subjekt, dessen Erbschaft das transzendental-subjektlose Sein gern anträte, bedarf als Einheit des Mannigfaltigen ebenso wie umgekehrt das Mannigfaltige der vernünftigen Einheit. Unabhängig von den Inhalten, welche die der Einheit sind, ist deren eigener Begriff nicht zu fassen, und aus den Inhalten ist die Spur eines Faktischen so wenig wegzuzaubern, wie dessen Differenz vom Begriff, der ihrer bedarf. Keine Einheit, wie formal auch immer, und wäre es die reinlogische, ist auch nur als Möglichkeit bar dessen zu konzipieren, worauf sie geht; noch das formallogische Etwas ist der Bodensatz des Materials, das ausgeschieden zu haben der Stolz der reinen Logik war. Der Grund der von Günther Anders so genannten Pseudokonkretion des Seinsdenkens aber, und damit allen Truges, den es um sich verbreitet, ist, daß es seine Reinheit sieht in der Unberührtheit von dem, was es doch selbst ist und was es als konkret wiederum sich zuschlägt. Seinen Triumph feiert es im strategischen Rückzug. Durch mythische Vieldeutigkeit verdeckt es bloß die bestimmte Verschränkung der Momente, aus der es so wenig sich lösen kann wie nur je das bedingte Bewußtsein. Weil in der Seinsmythologie das Seiende und der Begriff kunstvoll ungeschieden verbleiben, stellt sie das Sein vor, als wäre es über dem Seienden wie über dem Begriff und erschleicht, mit Kant zu reden, seine Absolutheit. Verdinglichtes Bewußtsein ist auch sie, indem sie den menschlichen Anteil an den obersten Begriffen unterschlägt und sie vergötzt. Nichts anderes aber heißt Dialektik, als auf der Vermittlung des scheinbar Unmittelbaren, und der auf allen Stufen sich entfaltenden Wechselseitigkeit von Unmittelbarkeit und Vermittlung zu insistieren. Dialektik ist kein dritter Standpunkt sondern der Versuch, durch immanente Kritik philosophische Standpunkte über sich und über die Willkür des Standpunktdenkens hinauszubringen. Gegenüber der Naivetät des willkürlichen Bewußtseins, das sein Beschränktes, ihm Gegebenes für unbeschränkt hält, wäre Philosophie die bindende Verpflichtung zur Unnaivetät. In einer Welt, die, als durch und durch vergesellschaftete, so übermächtig gegenüber allen Einzelnen ist, daß ihnen kaum etwas anderes übrigbleibt, als sie hinzunehmen, wie sie sich gibt, reproduziert solche Naivetät sich unablässig und verhängnisvoll. Was eine unmäßige Apparatur ihnen aufdrängt, die sie selber bilden und in die sie eingespannt sind, und was naturhafte Momente virtuell eliminiert, wird ihnen zur Natur. Verdinglichtes Bewußtsein ist vollkommen naiv und, als Verdinglichung, auch vollkommen unnaiv. Philosophie hätte den Schein des Selbstverständlichen wie den des Unverständlichen aufzulösen.

Die Integration von Philosophie und Wissenschaft, die virtuell schon in den frühesten Dokumenten der abendländischen Metaphysik sich abzeichnet, wollte einmal den Gedanken schützen vor der dogmatischen Bevormundung, zu der er Affinität hat durch Willkür, das Negative aller Freiheit. Auf diese aber zielte das Postulat des unmittelbaren ‚Dabeiseins' lebendig vollziehenden Geistes bei aller Erkenntnis, die seit Spinoza unverlierbare Norm der Evidenz. Sie war, in bloßer Logik, das antizipierende Bild eines realen Zustandes, in dem die Menschen es endlich wären, ledig jeglicher blinden Autorität. Das hat sich umgedreht. Die Berufung auf Wissenschaft, auf ihre Spielregeln, auf die Alleingültigkeit der Methoden, zu denen sie sich entwickelte, ist zur Kontrollinstanz geworden, die den freien, ungegängelten, nicht schon dressierten Gedanken ahndet und vom Geist nichts duldet als das methodologisch Approbierte. Wissenschaft, das Medium von Autonomie, ist in einen Apparat der Heteronomie ausgeartet. Das, worum es ginge, ist abgeschnitten, der Zufälligkeit des geschmähten Aperçus überantwortet, als Isoliertes tatsächlich zum Weltanschauungsgeschwätz herabgewürdigt. Die philosophische Kritik des Szientivismus, die jenes Denksystem bündig widerlegt, ist darum nicht, was ihre wohlgesinnten Gegner ihr vorwerfen, sondern eher die Destruktion der Destruktion. Kritik der bestehenden Philosophien plädiert nicht für das Verschwinden von Philosophie oder gar ihren Ersatz durch Einzeldisziplinen wie die Sozialwissenschaft. Sie möchte formal und material eben jener Gestalt geistiger Freiheit helfen, die in den herrschenden philosophischen Richtungen keine Stelle hat. Denken, das offen, konsequent und auf dem Stand vorwärtsgetriebener Erkenntnis den Objekten sich zuwendet, ist diesen gegenüber frei auch derart, daß es sich nicht vom organisierten Wissen Regeln vorschreiben läßt. Es kehrt den Inbegriff der in ihm akkumulierten Erfahrung den Gegenständen zu, zerreißt das gesellschaftliche Gespinst, das sie verbirgt, und gewahrt sie neu. Entschlüge Philosophie sich der Angst, die der Terror der herrschenden Richtungen verbreitet – der ontologischen, nichts zu denken, was nicht rein; der szientifischen, nichts zu denken, was nicht ‚verbunden' mit dem Corpus der als gültig anerkannten wissenschaftlichen Befunde sei –, so vermöchte sie gar zu erkennen, was jene Angst ihr verbot, das, worauf unverschandeltes Bewußtsein eigentlich es abgesehen hätte. Wovon die philosophische Phänomenologie träumte, wie einer, der zu erwachen träumt, das ‚Zu den Sachen', könnte einer Philosophie zufallen, die jene Sachen nicht mit dem Zauberschlag der Wesensschau zu gewinnen hofft, sondern die subjektiven und objektiven Vermittlungen mitdenkt, dafür aber nicht nach dem latenten Primat der veranstalteten Methode sich richtet, welche den phänomenologischen Richtungen, anstelle der ersehnten Sachen, immer wieder bloß Fetische präsentiert, selbstgemachte Begriffe. Wären nicht alle positiven Redeweisen tief verdächtig geworden, so könnte man sich ausmalen, daß erst einem solchen zugleich freien und in sich reflektierten Bewußtsein das sich entfaltete, was die traditionelle Philosophie sich verbaute, indem sie sich selbst mit dem verwechselte, was sie deuten will. Die Müdigkeit der traditionellen Philosophie am Wechsel ihrer Spielarten hat das Potential einer Philosophie in sich, die dem Bann entronnen wäre.

Ungewiß gleichwohl, ob Philosophie, als Tätigkeit des begreifenden Geistes, überhaupt noch an der Zeit sei; ob sie nicht zurückbleibe hinter dem, was sie zu begreifen hätte, dem auf die Katastrophe zutreibenden Zustand der Welt. Für Kontemplation scheint es zu spät. Was in seiner Absurdität zutage liegt, sträubt sich gegens Begreifen. Vor mehr als hundert Jahren ward die Abschaffung der Philosophie visiert. Daß man im Osten als Diamat marxistische Philosophie verkündet, wie wenn das mit der Marxischen Theorie ohne weiteres vereinbar wäre, bezeugt die Verkehrung des Marxismus in ein gegen den eigenen Gehalt abgestumpftes, statisches Dogma oder, wie sie selber es nennen, in eine Ideologie. Wer noch philosophiert, kann es nur, wenn er die Marxische These vom Überholtsein der Besinnung verneint. Sie dachte die Möglichkeit der Veränderung der Welt von Grund auf als jetzt und hier gegenwärtig. Bloß Sturheit aber könnte diese Möglichkeit noch so unterstellen wie Marx. Das Proletariat, an das er sich wandte, war noch nicht integriert: es verelendete zusehends, während andererseits die gesellschaftliche Macht noch nicht über die Mittel verfügte, im Ernstfall mit überwältigender Chance sich zu behaupten. Philosophie, als der zugleich konsequente und freie Gedanke, findet sich in einer gänzlich anderen Situation. Marx wäre der letzte gewesen, den Gedanken vom realen Gang der Geschichte loszureißen. Hegel, der der Vergänglichkeit von Kunst inneward und ihr Ende prophezeite, hat ihren Fortbestand abhängig gemacht von dem ‚Bewußtsein von Nöten'. Was aber der Kunst recht ist, ist der Philosophie billig, deren Wahrheitsgehalt mit dem der Kunst konvergiert, indem ihre Verfahrensart von jener sich sondert. Die ungeminderte Dauer von Leiden, Angst und Drohung nötigt den Gedanken, der sich nicht verwirklichen durfte, dazu, nicht sich wegzuwerfen. Nach dem versäumten Augenblick hätte er ohne Beschwichtigung zu erkennen, warum die Welt, die jetzt, hier das Paradies sein könnte, morgen zur Hölle werden kann. Solche Erkenntnis wäre ja wohl Philosophie. Sie abzuschaffen um einer Praxis willen, die zu dieser historischen Stunde unweigerlich eben den Zustand verewigte, dessen Kritik Sache der Philosophie ist, wäre anachronistisch. Praxis, welche die Herstellung einer vernünftigen und mündigen Menschheit bezweckt, verharrt im Bann des Unheils ohne eine das Ganze in seiner Unwahrheit denkende Theorie. Daß diese nicht den Idealismus aufwärmen darf, sondern die gesellschaftliche und politische Realität und ihre Dynamik in sich hineinnehmen muß, bedarf keines Wortes.

Während der letzten vierzig oder fünfzig Jahre behauptete Philosophie, meist fälschlich, dem Idealismus zu opponieren. Genuin daran war die Opposition gegen die dekorative Phrase; gegen die Hybris des Geistes, der sich zum Absoluten erhöht; gegen die Verklärung der Welt, als wäre sie schon die Freiheit. Der Anthropozentrismus, der allen idealistischen Konzeptionen innewohnt, ist nicht zu retten; man braucht sich nur im gröbsten Umriß an die Veränderungen der Kosmologie seit hundertundfünfzig

Jahren zu erinnern. Unter den fälligen Aufgaben der Philosophie ist sicherlich nicht die letzte, ohne amateurhafte Analogien und Synthesen dem Geist die naturwissenschaftlichen Erfahrungen zuzueignen. Sie und der sogenannte geistige Bereich klaffen unfruchtbar auseinander; so sehr, daß zuweilen die Beschäftigung des Geistes mit sich selbst und der gesellschaftlichen Welt wie eitles Spiel erscheint. Hätte die Philosophie nichts anderes zu tun, als das Bewußtsein der Menschen von sich selbst auf den Stand dessen zu bringen, was sie von der Natur wissen, anstatt daß sie wie Höhlenbewohner hinter der eigenen Erkenntnis des Kosmos herleben, in dem die wenig weise Gattung homo ihr hilfloses Wesen treibt, so wäre das schon einiges. Im Angesicht dieser Aufgabe und der ungeschmälerten Einsicht in die Bewegungsgesetze der Gesellschaft maßte sie schwerlich affirmativ sich an, aus sich heraus etwas wie positiven Sinn zu setzen. Soweit ist sie einig mit dem Positivismus, mehr noch mit der modernen Kunst, vor deren Phänomenen das meiste, was heute philosophisch gedacht wird, beziehungslos versagt. Aber die bis zum Überdruß verkündete Wendung der Philosophie gegen den Idealismus wollte nicht militante Aufklärung sondern Resignation. Der eingeschüchterte Gedanke getraut sich nicht länger, sich zu erheben, auch nicht in der ergeben seinshörigen Fundamentalontologie. Gegen solche Resignation tritt ein Wahrheitsmoment am Idealismus hervor. Der verwirklichte Materialismus wäre heute das Ende des Materialismus, der blinden und menschenunwürdigen Abhängigkeit der Menschen von den materiellen Verhältnissen. So wenig der Geist das Absolute ist, so wenig geht er auf in Seiendem. Nur dann wird er erkennen was ist, wenn er nicht sich durchstreicht. Die Kraft solchen Widerstandes ist das einzige Maß von Philosophie heute. So unversöhnlich ist sie mit dem verdinglichten Bewußtsein wie einst der Platonische Enthusiasmus; sein Überschuß allein erlaubt, das universal Bedingte beim eigenen Namen zu nennen. Sie wünscht den Frieden mit jenem Anderen, Seienden, das die affirmativen Philosophien erniedrigen, indem sie es preisen und ihm sich anpassen. Ihnen wird alles funktional; noch die Anpassung ans Seiende ist ihnen Vorwand, es im Geist sich zu unterwerfen. Was aber da ist, möchte nicht zugerichtet werden. Was eine Funktion hat, ist in der funktionalen Welt verhext. Nur Denken, das ohne Mentalreservat, ohne Illusion des inneren Königtums seine Funktionslosigkeit und Ohnmacht sich eingesteht, erhascht vielleicht einen Blick in eine Ordnung des Möglichen, Nichtseienden, wo die Menschen und Dinge an ihrem rechten Ort wären. Weil Philosophie zu nichts gut ist, ist sie noch nicht verjährt; selbst darauf dürfte sie nicht sich berufen, wenn sie nicht ihre Schuld, die Selbstsetzung, verblendet wiederholen will.

Jene Schuld wird überliefert von der Idee der philosophia perennis, ihr sei die ewige Wahrheit verbrieft. Gesprengt ist sie von Hegels erstaunlichem Satz, Philosophie sei ihre Zeit, in Gedanken erfaßt. Ihn dünkte die Forderung danach so selbstverständlich, daß er nicht zögerte, als Definition sie vorzutragen. Als erster erreichte er die Einsicht in den Zeitkern der Wahrheit. Sie verband bei ihm sich noch mit dem Vertrauen, jede bedeutende Philosophie drücke dadurch, daß sie die eigene Stufe des Bewußtseins ausdrückt, als notwendiges Moment des Ganzen zugleich auch das Ganze aus. Daß dies Vertrauen samt der Identitätsphilosophie sich enttäuscht fand, mindert aber nicht bloß das Pathos der nachgeborenen Philosophien sondern deren Rang. Von den gegenwärtig herrschenden läßt unmöglich das für ihn Selbstverständliche sich behaupten. Sie sind nicht länger ihre Zeit im Gedanken begriffen. Auf ihren Provinzialismus tun die Ontologen gar sich etwas zugute. Der getreue Kontrapunkt dazu ist die hilflose Begriffsarmut der Positivisten. Ihre Spielregeln sind darauf zugeschnitten, daß das verdinglichte Bewußtsein geistferner bright boys sich als Spitze des Zeitgeistes betrachten kann. Sie sind aber bloß dessen Symptom; fälschen, was ihnen fehlt, in die unbestechliche Tugend solcher um, die keinen blauen Dunst sich vormachen lassen. Zeitgeist sind beide Richtungen höchstens als der von Regression; Nietzsches Hinterweltler sind buchstäblich wieder zu Hinterwäldlern geworden. Ihnen gegenüber müßte Philosophie als fortgeschrittenstes Bewußtsein sich bewähren, durchdrungen vom Potential dessen, was anders wäre, aber auch der Gewalt des Regressiven gewachsen, über das erst sich erhöbe, was es als Ballast in sich hineingenommen und begriffen hat. Redet sich angesichts dieses Anspruchs, den er wohl merkt, der philosophische Archaismus von heutzutage auf das alte Wahre heraus; traktiert er den Fortschritt, den er nur verhindert, derart, als hätte er ihn überwunden, so sind das Flausen. Keine Dialektik des Fortschritts genügt, einen geistigen Stand zu legitimieren, der nur darum sich für heil hält, weil noch nicht in seine Winkel drang, wozu die Objektivität sich entfaltete, in die auch er selber verflochten ist, und die dafür sorgt, daß Berufung aufs Heile unmittelbar das Unheil verstärkt. Der selbstgerechte Tiefsinn, der das fortgeschrittene Bewußtsein en canaille behandelt, ist platt. Reflexionen, welche über seine Zaubersprüche ebenso hinausdrängen wie über die vérités de faits der Positivisten, sind nicht, wie es der Ideologie vergilbter Witzblätter in den Kram paßte, Modetorheiten, sondern motiviert von jenen Sachverhalten selbst, die Ontologen wie Positivisten als einziges zu achten vorgeben. Solange der Philosophie die leiseste Spur des Titels eines vor mehr als dreißig Jahren publizierten Buchs eines Altkantianers, *Aus der Philosophenecke*, anhaftet, solange ist Philosophie der Spaß, den ihre Verächter mit ihr treiben. Nicht durch onkelhafte Ratschläge erhebt sie sich über den Wissenschaftsbetrieb. Alle Weisheit ist zur Wohlweisheit verkommen. Der Philosophie frommt auch nicht das Benehmen jenes Professors, der, als er im Vorfaschismus sich angeregt fühlte, seine Zeit zu richten, Marlene Dietrichs Blauen Engel inspizierte, um aus erster Anschauung zu lernen, wie schlimm es sei. Derlei Ausflüge ins Konkrete überführen Philosophie als Abhub eben der Geschichte, mit deren Subjekt sie aus Bildungsreminiszenz sich verwechselt. Nicht der schlechteste Maßstab einer Philosophie heute wäre, daß sie all dem in nichts gleicht. An ihr ist es nicht, mit dümmlicher Arroganz sich Informationen zu verschaffen und dann Stellung zu beziehen, sondern ungeschmälert, ohne Mentalreservat zu erfahren, wovor die ausweichen, die sich die Maxime nicht rauben lassen wollen, es müsse nun einmal bei aller Philosophie etwas Positives herausschauen. Das Rimbaudsche »il faut être absolument moderne« ist kein ästhetisches Programm und keines für Ästheten, sondern ein kategorischer Imperativ der Philosophie. Der geschichtlichen Tendenz verfällt erst recht, was mit ihr nichts zu schaffen haben möchte. Sie verspricht kein Rettendes und die Möglichkeit von Hoffnung nur der Bewegung des Begriffs, die bis zum äußersten sie verfolgt.

Philosophie und Lehrer

Es ist meine Absicht, einiges über die sogenannte allgemeine Prüfung in Philosophie zu sagen, die zu dem Referendarexamen für das wissenschaftliche Lehramt an Höheren Schulen im Lande Hessen hinzugehört. Was ich bei diesem Examen seit nun elf Jahren beobachtete, hat mich zunehmend besorgt gemacht, daß der Sinn jener Prüfung falsch verstanden wird, daß sie ihren Zweck verfehlt. Darüber hinaus mußte ich über die Mentalität der zu Prüfenden nachdenken. Ich glaube, deren eigenes Unbehagen an der Prüfung zu spüren. Viele fühlen sich ihr von Anbeginn fremd und nicht recht gewachsen; manche hegen Zweifel an ihrem Sinn. Ich glaube, deshalb über die Sache reden zu müssen, weil das Ergebnis der Prüfung selbst vielfach von den Momenten abhängt, auf die ich stieß und die den Kandidaten nicht durchweg bewußt sind. Falsch wäre die Haltung eines Examinators, der nicht grundsätzlich jenen zu helfen sucht, über die zu urteilen seine Funktion ihn nötigt, auch wenn solche Hilfe einen Stachel hat. Für meine Worte habe ich allein einzustehen; doch dürften mir in vielem meine Kollegen zustimmen; insbesondere weiß ich, daß Horkheimer zu denselben Ergebnissen gelangte. Selbstverständlich finden sich unter den Kandidaten nicht wenige, für welche meine Befürchtungen nicht zutreffen. Das sind meist solche, die von sich aus ein spezifisches Interesse an der Philosophie nehmen; häufig haben sie als Teilnehmer an unseren Seminaren ein genuines Verhältnis zur Philosophie gewonnen. Auch über ihren Umkreis hinaus fehlt es nicht an Studierenden mit Horizont und geistiger Sensibilität. Als eigentlich gebildete Menschen bringen sie vorweg schon mit, was durch jene Prüfung, fragmentarisch und unzulänglich genug, als existent oder nichtexistent ermittelt werden soll. Aber mit meiner Kritik ziele ich keineswegs nur auf diejenigen, die das Examen nicht bestanden haben. Diese sind oftmals nur ungeschickter, aber keineswegs weniger qualifiziert als jene Mehrheit, die man formeller Kriterien wegen passieren läßt. Vielmehr ist es geradezu die Signatur des fatalen Zustands – wahrhaft eines Zustands, ohne individuelle Schuld einzelner Versagender –, daß auch solche seine Spuren tragen, die das Examen glatt oder, wie ein im Grunde bereits kränkender Ausdruck lautet, als guter Durchschnitt bestehen. Oft hat man das Gefühl, diesen oder jenen müsse man durchlassen, weil er die meisten dingfesten und kontrollierbaren Fragen mehr oder minder korrekt beantwortete; man wird aber dieser Entscheidung, so angenehm sie für den Einzelnen ist, nicht recht froh. Wenn man streng nach dem Sinn und nicht nach dem Buchstaben der Examensordnung prüfte, müßten solche Kandidaten negativ bewertet werden, vollends im Gedanken an die Jugend, die ihnen als Lehrern einmal überantwortet wird, und mit der mich zu identifizieren ich mich freilich noch nicht zu alt fühle. Der bloße Bedarf an Lehrkräften sollte nicht denen zugute kommen, die ihrer Beschaffenheit nach vermutlich das Gegenteil dessen bewirken, was jener Bedarf verlangt. Die gesamte Situation ist fragwürdig gerade in den Aspekten, um derentwillen die allgemeine Prüfung eingeführt wurde. Ich halte es für besser, das offen auszusprechen und zur Reflexion anzuregen, als schweigend weiter einer Praxis mich zu verschreiben, die bei den Prüfern unweigerlich zur Routine und Resignation führen muß und bei den Kandidaten selbst zur Geringschätzung dessen, was man von ihnen fordert; einer Geringschätzung, die oft nur dünne Hülle ist für die Geringschätzung ihrer selbst. Freundlicher ist es, unfreundlich zu sein, als mit einem umgänglichen Gestus, der bequem genug wäre, über das hinwegzugleiten, was im Bewußtseinsstand der zu Prüfenden, ihrer eigenen besseren Möglichkeit, wie ich sie einem jeden zutraue, feind ist. Wohlwollen und Rücksicht sind der Humanität selbstverständlich; unter denen, die an unserer Universität in Philosophie zu prüfen haben, wird es keiner daran fehlen lassen. Aber wir wollen human sein nicht nur gegen die Kandidaten, deren Ängste wir uns gut vorstellen können, sondern auch zu jenen, die ihnen einmal gegenübersitzen, die wir nicht sehen, und denen vom ungeformten und ungebildeten Geist größere Unbill droht als irgendeinem von unseren geistigen Ansprüchen. Man braucht dazu gar nicht erst, was Nietzsche Fernstenliebe nennt; ein wenig Vorstellungskraft genügt.

Wenn ich sagte, daß diejenigen, die der Prüfung wirklich gewachsen sich zeigen, oft solche sind, die an philosophischen Seminaren aktiv sich beteiligt haben, so wollte ich damit keinen institutionellen Druck ausüben. Ich nehme den Gedanken der akademischen Freiheit überaus ernst und halte es für völlig gleichgültig, auf welche Weise ein Student sich bildet, ob als Teilnehmer von Seminaren und Vorlesungen oder bloß durch die eigene Lektüre. Ich wollte überhaupt nicht den Sinn dieses Examens der fachlich philosophischen Ausbildung gleichsetzen. Gemeint habe ich nur, daß solche, die es über den einzelwissenschaftlichen Betrieb hinaus zu jenem Bewußtsein des Geistes von sich selbst drängt, der nun einmal Philosophie ist, im allgemeinen der Konzeption des Examens entsprechen. Kindisch wäre es zu erwarten, ein jeder wollte oder könnte ein professioneller Philosoph werden; gegen eben diesen Begriff hege ich gründliches Mißtrauen. Wir wollen unseren Schülern nicht die déformation professionelle derer zumuten, die automatisch ihr eigenes Gebiet für das Zentrum der Welt halten. Philosophie genügt nur dort sich selbst, wo sie mehr ist als ein Fach. Die allgemeine Prüfung, heißt es im Paragraphen 19 der Prüfungsordnung, an die so viele peinlich sich halten, »soll feststellen, ob der Bewerber den Bildungssinn und die Bildungskräfte seiner Fachgebiete erfaßt hat und sie von den lebendigen philosophischen, pädagogischen und politischen Fragen der Gegenwart her zu betrachten versteht« (S. 46). Ausdrücklich wird dem hinzugefügt: »doch darf die philosophisch betonte Prüfung sich nicht in fachphilosophische Fragen verlieren, sondern muß sich auf solche richten, die für die lebendige Bildung heute wesentlich sind, wobei die Fachgebiete des Bewerbers die Richtung geben«. Mit anderen Worten, die allgemeine Prüfung will, soweit so etwas überhaupt sich dingfest machen läßt, eine Vorstellung davon gewinnen, ob die Kandidaten in der Reflexion auf ihr Fach, also indem sie bedenken, was sie vollbringen, und auch in der Reflexion auf sich selbst, sich über den Umkreis des tatsächlich Angeeigneten erheben. Ganz einfach möchte man sagen: ob sie geistige Menschen sind, schwänge nicht in dem Wort ‚geistige Menschen' eine bestimmte Art Hochmut mit, die Erinnerung an elitäre Herrschaftswünsche, die gerade den Akademiker an der Selbstbesinnung verhindern. Das Wort ‚geistiger Mensch' mag abscheulich sein, aber daß es so etwas gibt, merkt man erst an dem Abscheulicheren, daß einer kein geistiger Mensch ist. Wir möchten also in dieser Prüfung sehen, ob diejenigen, die als Lehrer an Höheren Schulen mit einem schweren Maß an Verantwortung für die geistige und reale Entwicklung Deutschlands belastet sind, Intellektuelle sind oder, wie Ibsen vor nun schon achtzig Jahren es nannte, bloße Fachmenschen. Daß der Ausdruck ‚Intellektuelle' durch die Nationalsozialisten in Verruf geriet, dünkt mir nur ein Grund mehr, ihn positiv aufzunehmen: ein erster Schritt der Selbstbesinnung ist es, Dumpfheit sich nicht als höheres Ethos zuzuschreiben, Aufklärung nicht zu verlästern, sondern der Hetze gegen die Intellektuellen, wie immer sie auch sich tarnt, zu widerstehen. Ob jedoch einer ein Intellektueller ist, manifestiert sich vor allem im Verhältnis zu seiner eigenen Arbeit und zu dem gesellschaftlichen Ganzen, dessen Teil sie bildet. Dies Verhältnis, nicht die Beschäftigung mit Spezialgebieten wie Erkenntnistheorie, Ethik oder gar Philosophiegeschichte, macht überhaupt das Wesen von Philosophie aus. So hat es ein Philosoph, dem schwerlich jemand die Qualifikation in den besonderen philosophischen Disziplinen wird abstreiten wollen, formuliert. Im deduzierten Plan einer zu Berlin zu errichtenden höheren Lehranstalt – gemeint ist die Universität – sagt Fichte: »Nun ist dasjenige, was die gesamte geistige Tätigkeit, mithin auch alle besonderen und weiter bestimmten Äußerungen derselben wissenschaftlich erfaßt, die Philosophie: von philosophischer Kunstbildung aus müßte sonach den besonderen Wissenschaften ihre Kunst gegeben und das, was in ihnen bisher bloße, vom guten Glück abhängende Naturgabe war, zu besonnenem Können und Treiben erhoben werden; der Geist der Philosophie wäre derjenige, welcher zuerst sich selbst und sodann in sich selber alle anderen Geister verstände; der Künstler in einer besonderen Wissenschaft müßte vor allen Dingen ein philosophischer Künstler werden, und seine besondere Kunst wäre lediglich eine weitere Bestimmung und einzelne Anwendung seiner allgemeinen philosophischen Kunst.« Oder, vielleicht noch schlagender: »Mit diesem also entwickelten philosophischen Geiste, als der reinen Form des Wissens, müßte nun der gesamte wissenschaftliche Stoff in seiner organischen Einheit auf der höheren Lehranstalt aufgefaßt und durchdrungen werden.« Diese Sätze gelten heute nicht weniger als vor hundertundfünfzig Jahren. Der emphatische Begriff von Philosophie, den die Bewegung des deutschen Idealismus intendierte, als der Geist der Zeit mit ihr war, fügte nicht Philosophie als Sparte den Wissenschaften hinzu, sondern suchte sie in der lebendigen Selbstbesinnung des wissenschaftlichen Geistes. Betrachtet man aber den Prozeß der Spezialisierung, der diese Idee von Philosophie zur Phrase von Festrednern erniedrigte, tatsächlich als ein Schlechtes, als Ausdruck der Verdinglichung des Geistes, die dieser mit der zunehmend verdinglichten Tauschgesellschaft erfuhr, so wird man Philosophie geradezu an der Kraft des Widerstands durchs eigene Denken ablesen können, den der Einzelne der bornierten Aneignung von Kenntnissen, wären es auch die sogenannten Fachphilosophien, entgegensetzt.

Das ist nicht falsch zu verstehen. Ich verkenne nicht das Notwendige in der Verselbständigung der Philosophie gegenüber den Einzelwissenschaften. Ohne jene Trennung hätten zumindest die Naturwissenschaften kaum ihren Aufschwung nehmen können. Selbst die Philosophie vermochte vielleicht ihre tiefsten Einsichten erst zu gewinnen, als sie, wie Hegel, willentlich oder unwillentlich vom einzelwissenschaftlichen Betrieb sich losgesagt hatte. Die Wiedervereinigung des Getrennten ist demnach nicht von einem Zauberschlag zu erhoffen; auch das Philosophicum müßte vor dieser Illusion sich hüten. Manche hochentwickelten Geisteswissenschaften, etwa die älteren Philologien, haben solches Eigengewicht angenommen, verfügen über eine derart durchgebildete Methodik und Thematik, daß ihnen die philosophische Selbstreflexion fast unvermeidlich dilettantisch erscheint. Umgekehrt führt von ihren eigenen Überlegungen kaum ein direkter Weg zu philosophischen. Umgekehrt ist auch die Ausbildung der Philosophie zur Spezialdisziplin nicht einfach zu überspringen. Philosophische Selbstbesinnung der einzelnen Wissenschaftszweige unter Verzicht auf die Kenntnis dessen, was nun einmal Fachphilosophie produzierte, hätte leicht etwas Schimärisches. Bewußtsein, das sich verhielte, als wäre es in seinem Material zugleich unmittelbar zur Philosophie, wiche nicht nur vor der Schwere des Materials gar zu leicht ins Unverbindliche aus, sondern wäre überdies verurteilt, amateurhaft auf längst überwundene philosophische Stufen zurückzufallen. Weder übersehe ich diese objektive Schwierigkeit des Examens, noch verschweige ich sie. Aber ich meine, man sollte dabei sich nicht bescheiden, und vor allem: man sollte die Kirche im Dorf lassen. Trifft es schon zu, daß kein so direkter Weg zwischen der einzelwissenschaftlichen Arbeit und der Philosophie offen ist, so bedeutet das doch nicht, daß beide nichts miteinander zu tun hätten. Ein Altgermanist sträubte mit großem Recht sich dagegen, wenn er Lautverschiebungsgesetze frischfröhlich geschichtsphilosophisch deuten sollte. Aber das Problem etwa, wie das mythische Erbe der Volksreligionen im Nibelungenlied, gegenüber dem Christentum archaisch, zugleich auch in Hagen nachmittelalterlich-protestantische Züge annimmt – gesetzt den Fall, die Episode auf der Donau bedeutete etwas dergleichen –, würde von den Altphilologen als legitim anerkannt und wäre zugleich fruchtbar für die Philosophie. Oder: wenn der großen mittelalterlichen Lyrik in weitem Maß das abgeht, was seit dem ausgehenden achtzehnten Jahrhundert als Naturlyrik mit dem Begriff des Lyrischen so sehr verwachsen ist, dann wäre die Absenz dieses für das spätere lyrische Bewußtsein über eine lange Periode fast selbstverständlichen Moments ebenso ein philosophisches Thema wie eines, das die Altgermanisten interessiert. Solcher Querverbindungen gibt es unzählige, und die Kandidaten könnten wohl aus deren Sphäre Themen auswählen. Schließlich ist für das Verständnis Schillers dessen Verhältnis zu Kant – und dabei meine ich nicht das biographische und geistesgeschichtliche, sondern seinen Niederschlag in der Gestalt der Dramen und Gedichte selbst – essentiell; für das Verständnis Hebbels die geschichtsphilosophische Konzeption, die seine Dramatik trägt. Fast niemals sind mir Themen von der Art vorgeschlagen worden wie die, für welche ich Beispiele improvisierte. Selbstverständlich möchte ich mit all dem nicht sagen, daß eigentlich fachphilosophische Themen auszuschließen seien, oder auch nur, daß sie zu Ausnahmen werden sollten. Aber der Unterschied zwischen Vorschlägen wie den gängigen und solchen, die etwas mit Selbstreflexion, wenn schon nicht auf einzelwissenschaftliche Teilprobleme, so doch auf weitere Komplexe und Arbeitsgebiete zu tun haben, reicht fürs erste aus. Ich für meinen Teil wäre schon zufrieden, wenn die Themenvorschläge auch nur die Tendenz dessen erkennen ließen, was mir vorschwebt.

Man hört oft die Klage, Philosophie belaste die zukünftigen Lehrer mit einem weiteren Fach, und gar mit einem, zu dem vielen die Beziehung fehle. Den Vorwurf muß ich zurückgeben: vielfach sind es die Kandidaten, die aus der Prüfung eine Fachprüfung machen, und keineswegs wir. Wenn mir, wie das so heißt, ein Kandidat zugewiesen wird, so pflege ich mich mit ihm über sein eigenes Gebiet zu unterhalten und suche aus diesem eine Themenstellung auszukristallisieren, an der etwas wie das geistige Selbstverständnis seiner Arbeit zu entnehmen ist. Keineswegs jedoch herrscht darüber eitel Freude und Begeisterung. Im Gegenteil. Ginge es nach den Wünschen der Kandidaten, so müßte man für die schriftliche Arbeit immer wieder Themen rein fachlichen, philosophie-historischen oder philosophisch referierenden Charakters stellen. Rasch genug stößt man darauf, daß einzelne Philosophen und einzelne Schriften – als vermeintlich besonders leicht – beliebt sind; so die Meditationen von Descartes, die englischen Empiristen, Shaftesbury, von Kant die ›Grundlegung zur Metaphysik der Sitten‹, ein thematisch so beschränkter Umkreis, daß er mittlerweile bei uns alle möglichen Zweifel erweckt. Kaum lasse ich mich davon überzeugen, daß für einen Germanisten oder Historiker der ›Essay Concerning Human Understanding‹ des von Kant trefflich genannten Locke, der auch für mich gerade keine kurzweilige Lektüre bildet, eine besondere Bedeutung besitze oder ihn nur irgend interessieren könnte; ich lasse mich auch nicht bekehren, wenn der Kandidat, wie es seit neuestem sich einbürgerte, prompte Erklärungen dafür parat hat, warum er den weitschweifigen Urtext des common sense studierte. Nebenbei gesagt, ist die Unterscheidung in leichte und schwierige Philosophen – ich habe den Verdacht, daß ähnlich auch zwischen leichten und schwierigen Examinatoren unterschieden wird – ganz untriftig. Die Abgründe, über die Locke hinweggleitet, gähnen in seinen Texten und mögen zuweilen eine auch nur in sich einstimmige Darstellung prohibitiv erschweren, während ein so verrufener Denker wie Hegel gerade dadurch, daß die Probleme nicht durch gesunde Ansichten zugedeckt, sondern rückhaltlos ausgetragen werden, einen viel höheren Grad an Stringenz erreicht. Der Intellektuelle oder der geistige Mensch dürfte getrost solche Erwägungen anstellen. Will man aber nach dem Wahlspruch *safety first* das Examen bestehen, indem man möglichst wenig Risiken eingeht, so verstärkt das nicht gerade die geistige Kraft und gefährdet schließlich die ohnehin problematische Sicherheit. Ich hoffe aber, daß darum nun keine Hegelwelle über die Examinatoren sich ergießt.

Insistiert man tatsächlich darauf, daß ein Gegenstand gewählt wird, der mit dem besonderen Interessengebiet eines Kandidaten tiefer zusammenhängt als durch die äußerliche Berührung, so gerät man auf die sonderbarsten Schwierigkeiten. Einmal hatte ich die größte Mühe, einen auch nur dazu zu veranlassen, ein solches Gebiet zu nennen; ihn interessiere alles, sagte er und forderte damit meinen Argwohn heraus, daß nichts ihn interessiere. Schließlich gab er eine bestimmte Periode an, und mir fiel ein Werk ein, das ihrer geschichtsphilosophischen Deutung gilt. Ich schlug ihm vor, über jenes Werk seine Arbeit zu schreiben, und versetzte ihn damit nur in Schrecken. Er fragte mich, ob denn der betreffende Autor auch wirklich, wie es in den Prüfungsforderungen heißt, ein hervorragender und für seine Fächer wichtiger Philosoph sei; der Wortlaut der Paragraphen wird oft zum Mittel, dem sich zu entziehen, was mit ihnen beabsichtigt ist. Wo die Prüfungsordnung Anhaltspunkte gibt, um Examinierten und Examinatoren die Orientierung zu erleichtern, beißen manche Kandidaten sich fest und klammern sich daran, als wären es unverletzliche Normen. Einer hatte als Interessengebiet Leibniz und dessen Kritik an Locke bezeichnet. Als er bei der Wiederholung dasselbe vorschlug und der Prüfende ihm erklärte, er hielte es für unangemessen, abermals mit ihm über die gleichen Dinge sich zu unterhalten, war seine erste Reaktion: ob er denn wiederum mit zwei Philosophen sich zu beschäftigen hätte. Gehandelt wird nach einem Satz von Hofmannsthal, den dieser freilich der von Angst zerfressenen Klytemnästra in den Mund legt: »Es muß für alles richtige Bräuche geben.« Das Bewußtsein der in Rede stehenden Kandidaten sucht überall nach Deckung, Vorschriften, nach bereits Kanalisiertem; ebenso um in eingeschliffenen Bahnen sich zurechtzufinden, wie doch wohl auch, um den Gang des Examens selbst so zu normieren, daß eben jene Fragen unterbleiben, um derentwillen das ganze Examen da ist. Man begegnet, mit einem Wort, dem verdinglichten Bewußtsein. Das aber, die Unfähigkeit, Erfahrungen zu machen und zu irgendeiner Sache frei und autonom sich zu verhalten, ist der offenbare Widerspruch zu all dem, was man vernünftigerweise und ohne Pathos unter dem denken kann, was in der Prüfungsordnung, als Zweck der höheren Schulen, ‚echte Geistesbildung' heißt. Man gewinnt bei den Verhandlungen über die Themenwahl den Eindruck, als hätten die zu Prüfenden Brechts Satz »Ich will ja gar kein Mensch sein« sich zur Maxime erkoren, auch und gerade wenn sie den Kategorischen Imperativ in seinen verschiedenen Fassungen auswendig gelernt haben. Die über die

Zumutung des Faches Philosophie sich entrüsten, sind die gleichen, für die Philosophie nicht mehr bedeutet als ein Fach.

Wir haben aus mehr als einem Grunde gelernt, die schriftlichen Arbeiten in der Beurteilung der Kandidaten nicht zu überschätzen und mehr Gewicht auf die mündliche Prüfung zu legen. Was man aber da hört und sieht, ist kaum viel ermutigender. Drückt ein Kandidat seinen Widerwillen gegen den Anspruch, er solle ein Intellektueller sein, dadurch aus, daß er während des ganzen Examens ostentativ stöhnt, so ist das ja wohl eher eine Sache der Erziehung als des Geistes selbst, obwohl beides mehr miteinander zu tun hat, als einem solchen Kandidaten beikommen mag. Aber das Fachmenschentum feiert, wenn mir diese contradictio in adiecto gestattet ist, seine Orgien im Mündlichen. »Der Bewerber«, heißt es in den Prüfungsforderungen, »soll zeigen, daß er die Grundbegriffe des Philosophen, mit dem er sich abgab, erfaßt hat und deren geschichtlichen Wandel versteht.« Ein über Descartes Befragter konnte, wie üblich, den Gedankengang der Meditationen ganz gut referieren. Die Rede kam auf den Begriff der res extensa, der ausgedehnten Substanz, deren bloß mathematisch-räumliche Bestimmung, den Mangel an dynamischen Kategorien in der Cartesianischen Konzeption der Natur. Auf die Frage nach der philosophie-historischen Konsequenz dieses Mangels erklärte der Kandidat, zu seiner Ehre ganz aufrichtig, das wisse er nicht; er hatte also noch nie über den Descartes, den er ganz brav verstand, auch nur so weit hinausgeblickt, um zu sehen, an welcher Insuffizienz des Cartesianischen Systems Leibniz und damit die Entwicklung zu Kant kritisch einsetzte. Die fachliche Konzentration auf einen approbiert großen Philosophen hatte ihn abgebracht von dem, was die Prüfungsordnung verlangt, von der Kenntnis des geschichtlichen Wandels des Problems. Er bestand trotzdem. Ein anderer trug mir mit unangenehmer Flüssigkeit den Gedankengang der beiden ersten Meditationen vor. Ich unterbrach ihn, um herauszufinden, wie es um sein Verständnis bestellt sei, mit der Frage, ob ihn der Zweifelsversuch und der Schluß auf das unbezweifelbare ego cogitans ganz befriedige. Mir schwebte die nicht gerade abgründige Erwägung vor, daß jenes individuelle empirische Bewußtsein, auf das bei Descartes rekurriert wird, selber in die raum-zeitliche Welt verflochten ist, aus der es im Sinne der Cartesianischen Betrachtung als ein unverlierbarer Rest herausragen soll. Der Kandidat sah mich für einen Augenblick an, in dem er eher mich einschätzte, als über die Cartesianische Deduktion nachdachte. Das Ergebnis war offenbar, daß er mich für einen Mann mit Sinn fürs Höhere hielt. Um mir gefällig zu sein, antwortete er: nein – es gibt ja auch die echte Begegnung. Unterstellt sei, er hätte dabei sich wirklich etwas gedacht, also etwa im Hintergrunde seines Bewußtseins sich an die Lehren erinnert, die dem Geist unmittelbares anschauliches Wissen von der Wirklichkeit zutrauen; davon abgesehen, daß er, wenn er so etwas meinte, es nicht zu artikulieren verstand, und Philosophie ist nun einmal, wie unser alter Lehrer Cornelius es definierte, die Kunst, sich auszudrücken. Das Charakteristische an der Antwort ist aber, daß er eine Allerweltphrase aus der heruntergekommenen und schon an Ort und Stelle fragwürdigen Existentialphilosophie mir an den Kopf warf, im Glauben, dadurch sein Niveau zu demonstrieren und mir womöglich einen namhaften Genuß zu bereiten. Komplementär zu der Tatsachengläubigkeit des Fachmenschen, der jede Besinnung auf das, was nicht der Fall ist, als Belästigung und womöglich als Frevel am wissenschaftlichen Geist empfindet, ist der Glaube an Prestigewörter und magische Wendungen aus dem im heutigen Deutschland durch alle Abzugskanäle gedrungenen Jargon der Eigentlichkeit. Wo die

Reflexion der Sache selbst, die geistige Besinnung der Wissenschaft aussetzt, findet an ihrer Stelle die weltanschauliche Phrase sich ein, im Bann jener unseligen deutschen Tradition, derzufolge die edlen Idealisten in den Himmel kommen und die gemeinen Materialisten in die Hölle. Mehr als einmal habe ich es erlebt, daß Studenten, die mich fragten, ob sie in ihren Arbeiten auch ihre eigenen Ansichten sagen dürften, und die ich allzu arglos dazu ermutigte, dann ihre Selbständigkeit unter Beweis stellten durch Sätze wie etwa den, es habe Voltaire, der die Abschaffung der Folter erzwang, an echtem religiösem Empfinden gefehlt. Es zeichnet in dieser Allianz zwischen dem Ungeist des terre à terre und dem Stereotyp amtlich gebilligter Weltanschauung sich eine geistige Verfassung ab, die der totalitären verwandt ist. Der Nationalsozialismus lebt heute ja wohl überhaupt weniger darin nach, daß man noch an seine Doktrinen glaubte – wieweit das überhaupt je der Fall war, ist fraglich – als in bestimmten formalen Beschaffenheiten des Denkens. Zu ihnen rechnet beflissene Anpassung ans je Geltende, zweiwertige Aufteilung nach Schafen und Böcken, Mangel an unmittelbaren, spontanen Beziehungen zu Menschen, Dingen, Ideen, zwangshafter Konventionalismus, Glaube an Bestehendes um jeden Preis. Derlei Denkstrukturen und Syndrome sind als solche, dem Inhalt nach, apolitisch, aber ihr Überleben hat politische Implikationen. Das ist vielleicht an dem, was ich mitzuteilen suche, das Ernsteste.

Das Flickwerk aus angeeigneten, und das will hier meist sagen, auswendig gelernten Tatsachen und weltanschaulicher Deklamation besagt, daß der Zusammenhang von Sache und Reflexion zerrissen ist. Das konstatiert man in den Examina immer wieder, und muß unmittelbar auf die Absenz dessen schließen, was haben sollte, wer bilden will, nämlich Bildung. Eine Studentin wollte, trotz der Warnung ihres Examinators, mündlich über Henri Bergson sich

prüfen lassen. Er fragte sie, um zu sehen, ob sie eine Ahnung hatte von dem, was man geistesgeschichtlichen Zusammenhang nennt, nach Malern etwa aus der Zeit jenes Philosophen, deren Werk mit dem Geist seiner Philosophie etwas zu tun habe. Sie meinte darauf zunächst, das sei der Naturalismus gewesen. Nach Namen gefragt, brachte sie erst Manet hervor, dann Gauguin und schließlich, auf gutes Zureden, Monet. Der Examinator insistierte, wie denn nun jene große malerische Gesamtbewegung aus dem späteren neunzehnten Jahrhundert heiße, und sie antwortete siegesbewußt: Expressionismus. Ach, sie hatte nicht den Impressionismus angegeben sondern nur Bergson, aber lebendige Bildung bestünde genau darin, daß solche Beziehungen wie die zwischen der Lebensphilosophie und der impressionistischen Malerei erfahren sind. Wer davon nichts versteht, kann auch Bergson selber nicht verstehen; die Kandidatin war denn auch tatsächlich zum Referat der beiden Schriften, die sie gelesen haben wollte, ›Introduction à la métaphysique‹ und ›Matière et mémoire‹, ganz unfähig.
Würde uns etwa entgegengehalten, wie man denn nun jene Art von Bildung sich erwerben könne, die einem erlaube, Bergson und den Impressionismus zu assoziieren, so bereitete das uns Philosophie-Examinatoren Verlegenheit. Denn Bildung ist eben das, wofür es keine richtigen Bräuche gibt; sie ist zu erwerben nur durch spontane Anstrengung und Interesse, nicht garantiert allein durch Kurse, und wären es auch solche vom Typus des Studium generale. Ja, in Wahrheit fällt sie nicht einmal Anstrengungen zu sondern der Aufgeschlossenheit, der Fähigkeit, überhaupt etwas Geistiges an sich herankommen zu lassen und es produktiv ins eigene Bewußtsein aufzunehmen, anstatt, wie ein unerträgliches Cliché lautet, damit, bloß lernend, sich auseinanderzusetzen. Fürchtete ich nicht das Mißverständnis der Sentimentalität, so würde ich sagen,

zur Bildung bedürfe es der Liebe; der Defekt ist wohl einer der Liebesfähigkeit. Anweisungen, wie das zu ändern sei, sind prekär; es wird darüber meist in einer frühen Phase der Kindheitsentwicklung entschieden. Aber wem es daran gebricht, der sollte kaum andere Menschen unterrichten. Er wird nicht nur jenes Leiden in der Schule perpetuieren, das die Dichter vor sechzig Jahren anklagten, und das man, wahrscheinlich zu Unrecht, längst für beseitigt hält, sondern der Defekt wird sich in den Schülern fortsetzen und ad infinitum jenen geistigen Zustand zeitigen, den ich nicht für unschuldige Naivetät halte, sondern der mitverantwortlich war am Unheil des Nationalsozialismus.

Am drastischesten verrät sich der Mangel im Verhältnis zur Sprache. Nach dem Paragraphen 9 der Prüfungsordnung ist auf die sprachliche Form besonders zu achten; bei ernsten sprachlichen Mängeln müsse die Arbeit als ungenügend bezeichnet werden. Wohin es käme, wenn die Examinatoren daran sich hielten, wage ich nicht auszumalen; ich fürchte, es könnte dann nicht einmal mehr der dringlichste Bedarf an Lehrernachwuchs befriedigt werden, und es erstaunte mich nicht, wenn manche Kandidaten eben darauf sich verließen. Vom Unterschied zwischen der Sprache als einem Mittel der Kommunikation und der als einem des präzisen Ausdrucks der Sache ahnen nur die wenigsten etwas; sie meinen, es genüge, daß man sprechen kann, damit man schreiben könne, während freilich, wer nicht schreiben kann, meist auch nicht zu sprechen vermag. Ich hoffe, nicht zu den laudatores temporis acti zu zählen, aber die Erinnerung an meine Gymnasialzeit ruft mir Lehrer herauf, deren sprachliche Sensibilität – nein, deren einfache Korrektheit im Ausdruck doch von der heute vorherrschenden Schlamperei sich sehr unterschied, einer Schlamperei übrigens, die sich wahrscheinlich vor sich selber rechtfertigt mit der Berufung auf den allgemein herrschenden Sprachgebrauch, und die tatsächlich den objektiven Geist widerspiegelt. Mit schulmeisterlicher Pedanterie pflegt Schlamperei trefflich sich zu vertragen. Sobald ich bei der Besprechung des Themas der Staatsexamensarbeit den Eindruck gewinne, daß der Kandidat des sprachlichen Verantwortungsgefühls enträt – und die Reflexion auf die Sprache ist das Urbild einer jeglichen philosophischen –, pflege ich ihn auf jene Bestimmung der Prüfungsordnung aufmerksam zu machen und ihm vorweg zu schildern, wessen ich in diesen Arbeiten gewärtig bin. Daß solche Paränesen so wenig fruchten, scheint anzuzeigen, daß es sich um mehr als bloße Laxheit handelt: um den Verlust der Beziehung zwischen den Kandidaten und der Sprache, die sie sprechen. Arbeiten minderen Ranges wimmeln von grammatischen und syntaktischen Fehlern. Die niedrigsten Clichés, wie ‚in etwa', wie das ‚echte Anliegen' und die ‚Begegnung' werden ungeniert gebraucht, ja mit Gusto, als wäre die Verfügung über Phrasen Zeichen dafür, daß man auf der Höhe der Epoche sich befindet. Am schlimmsten ist es mit der Verknüpfung der Sätze bestellt. Im Hintergrund des Bewußtseins steht wohl die Erinnerung daran, ein philosophischer Text müßte einen logischen Zusammenhang oder einen der Begründung bilden. Dem entsprechen jedoch keineswegs die Beziehungen zwischen den Gedanken selbst oder vielmehr zwischen den Behauptungen, die so vielfach Gedanken bloß vortäuschen. Pseudologische und pseudokausale Beziehungen werden durch Partikeln hergestellt, die auf der sprachlichen Oberfläche die Sätze zusammenkleistern, beim Durchdenken der Sache selbst jedoch gegenstandslos sind; so etwa wird von zwei Sätzen der eine sprachlich als Folgerung aus dem andern vorgeführt, während beide logisch auf der gleichen Stufe stehen.

Was Stil sei, ist den meisten Kandidaten, mögen sie auch Sprachwissenschaft studiert haben, überhaupt noch nicht aufgegangen; statt dessen suchen sie mühsam und gekünstelt aus der Art des Redens, die ihnen geläufig ist, das aus, was sie zu Unrecht für den Ton der Wissenschaft halten. Die Sprache der Arbeiten wird noch unterboten von der beim mündlichen Examen. Vielfach ist es ein Gestammel, durchwachsen von einschränkenden und unbestimmten Phrasen wie ‚gewissermaßen', die im gleichen Augenblick, wo man etwas sagt, schon wieder die Verantwortung fürs Gesagte abschieben möchten. Fremdwörter, selbst Namen aus fremden Sprachen, bilden Hürden, die selten überstiegen werden, ohne daß die Hürde oder der Kandidat Schaden nähme; die meisten etwa, die als Examens-Philosophen den offenbar als leicht eingestuften Hobbes sich erkoren haben, werden von diesem als Hob*bes* reden, als wäre das *bes* jenem Dialekt entlehnt, in dem ‚etwas' *ebbes* lautet. Überhaupt der Dialekt. Von Bildung wäre wohl zu erwarten, daß sie das Ungeschliffene der regionalen Sprache zu milderen Sitten gewöhnt. Davon kann keine Rede sein. Der Konflikt zwischen dem Hochdeutschen und dem Dialekt endet mit einem Remis, an dem niemand seine Freude hat, nicht einmal der zukünftige Lehrer selbst, dessen Mißvergnügen aus jedem Wort ertönt. Die Nähe des Dialekts zum Redenden, das Moment, daß er, wo dieser Dialekt noch bäuerlich ist, wenigstens in seiner Sprache selber rede, so, wie es populär heißt, ‚wie ihm der Schnabel gewachsen ist', ging verloren; die objektive Hochsprache aber ist nicht erreicht, sondern bleibt entstellt von den Narben des Dialekts; es klingt so, wie jene Jünglinge in Kleinstädten aussehen, die man, damit sie beim Sonntagsandrang aushelfen, in Kellnerfräcke steckt, die ihnen nicht sitzen[1]. Ich will gewiß nichts gegen die freund-

1 Zuschriften veranlassen mich zu einer Verdeutlichung. Ich meine nicht, Bildung bestehe darin, daß jeder Anklang des Dialekts in einer erbarmungslosen Hochsprache ausgemerzt würde. Die einfachste Erfahrung etwa der Wiener Tönung belehrt darüber, wie sehr sprachliche Humanität gerade in

liche Institution der akademischen Ausländerkurse im Deutschen sagen, aber Kurse für Inländer wären doch vielleicht noch wichtiger, wenn sie auch nicht mehr erreichten, als dem zukünftigen Lehrer jenen Tonfall abzugewöhnen, in dem die Brutalität des Rustikalen mit der zukünftigen pädagogischen Würde trüb sich vermischt. Komplementär zu dem Vulgären verhält sich das Hochtrabende, die Neigung zu Wörtern, die außerhalb des Erfahrungshorizonts der Sprecher liegen, und die deshalb aus ihrem Munde so herauskommen, als wären sie jene Fremdwörter, derentwegen sie vermutlich einmal ihre Schüler schikanieren werden. Solche Ausdrücke sind fast stets herabgesunkenes Kulturgut der Oberschicht oder, weniger wissenschaftlich gesprochen, abgetragene Kavaliersgarderobe, die in den sogenannten pädagogischen Sektor erst gelangt, nachdem sie im Bereich freien Geistes niemand mehr in den Mund nähme. Zur Bildung gehört Urbanität, und ihr geometrischer Ort ist die Sprache. Keinem Menschen ist es vorzuhalten, daß er vom Lande stammt, aber auch keiner dürfte daraus sich ein Verdienst machen und dabei beharren; wem die Emanzipation von der Provinz mißglückte, der steht zur Bildung exterritorial. Die Pflicht zur Entprovinzialisierung anstelle der hilflosen Nachahmung dessen, was man für gebildet hält, wäre von denen, die andere etwas lehren wollen, mit Nachdruck ins eigene Bewußtsein aufzunehmen. Die fortdauernde Divergenz von Stadt und

solchen Anklängen sich verwirklicht. Aber der Unterschied zwischen einem Deutsch, das den Dialekt seiner Roheit entäußert, indem es seine Spur versöhnlich in sich aufnimmt, von einem Idiom, in dem beide Sprachschichten hoffnungslos unverträglich bleiben, und in dem pedantische Korrektheit Lügen gestraft wird von Resten formlosen Dialekts – dieser Unterschied ist einer ums Ganze. Es ist kein anderer als der zwischen Kultur, wie sie, was für Natur einsteht, in sich aufhebt, und einem Mechanismus realer Unterdrückung, der im Geist sich fortsetzt. In seinem Bann kehrt das verdrängte Naturhafte entstellt nur und zerstörend wieder. Ob ein Mensch sprachliches Organ hat: seine Bildung zeigt sich gerade daran, daß er solche Nuancen wahrzunehmen vermag.

Land, die kulturelle Ungeformtheit des Agrarischen, dessen Überlieferungen unterdessen hinab und nicht mehr zu erwecken sind, ist eine der Gestalten, in denen die Barbarei sich perpetuiert. Es geht dabei nicht um Finessen geistiger und sprachlicher Eleganz. Das Individuum wird mündig überhaupt nur dann, wenn es aus der Unmittelbarkeit von Verhältnissen sich löst, die keineswegs naturwüchsig sind, sondern bloß noch Rückstand überholter historischer Entwicklung, eines Toten, das nicht einmal von sich selbst weiß, daß es tot ist.

Ist man mit dem Fluch der exakten Phantasie geschlagen, so kann man sich ganz gut vorstellen, wie es zur Berufswahl kam: die Familienberatung, was der Junge anfangen solle, damit er es im Leben zu etwas bringe, vielleicht, nachdem man bezweifelt, daß er aus Eigenem, ohne den Schutz einer von Befähigungsnachweisen eingehegten Karriere es schaffen könnte; örtliche Honoratioren mögen dabei ermunternd mittun, auf ihre Beziehungen sich verlassen, man wird die praktischsten Fächerkombinationen gemeinsam auskochen. Hereinspielt jene schmähliche, nicht nur in Deutschland verbreitete Mißachtung des Lehrerberufs, die dann wieder die Kandidaten dazu bewegt, allzu bescheidene Ansprüche an sich zu stellen. Viele haben in Wirklichkeit resigniert, ehe sie auch nur anfangen, und sind dann sich selbst so wenig gut wie dem Geist. Ich spüre die erniedrigende Notwendigkeit in all dem, die den Widerstand dagegen vorweg paralysiert. Die Situation, in der jener Typus Abiturient sich befindet, läßt ihm wahrscheinlich wirklich kaum eine andere Wahl. Er wäre überfordert, wenn man ihm zumuten wollte, daß er das Fragwürdige seines Beginnens im Augenblick jener Entscheidung über seine Zukunft durchschaute. Sonst wäre bereits der Bann gelöst, der dann als Habitus geistiger Unfreiheit im Examen offenbar wird. Die Menschen, an die ich denke, sind in einen verhängnisvollen Zirkel eingespannt; ihr Interesse nötigt sie zu der falschen Entscheidung, deren Opfer sie schließlich selbst werden. Nichts wäre ungerechter, als daraus ihnen einen Vorwurf zu machen. Aber wenn der Gedanke an Freiheit überhaupt noch einen Sinn haben soll, dann wäre es der, daß die Ungeeigneten an dem Punkt ihrer Entwicklung, an dem ihnen die Schwierigkeit, der Bruch zwischen ihrer Existenz und ihrem Beruf und allem, was damit zusammenhängt, bewußt wird – und auf der Universität muß unweigerlich irgendwann einmal dieses Bewußtsein sich herstellen –, die Konsequenzen ziehen. Entweder müßten sie dann rechtzeitig den Beruf aufgeben, mit dessen Begriff sie nicht übereinstimmen. Während der Hochkonjunktur gilt kaum die Ausflucht, daß andere Möglichkeiten versperrt wären. Oder sie müßten mit aller Energie der Selbstkritik dem Zustand sich stellen, von dem ich einige Symptome genannt habe, und müßten ihn zu ändern versuchen. Eben dieser Versuch, gar kein fixiertes Resultat, wäre die Bildung, welche die Kandidaten erwerben sollen und, so möchte ich hinzufügen, auch das, was an Philosophie im Examen verlangt wird; daß den zukünftigen Lehrern ein Licht aufgeht in dem, was sie selbst tun, anstatt daß sie darin begriffslos befangen bleiben. Die Handicaps, unter denen, wie ich wohl weiß, viele stehen, sind keine Invarianten. Selbstreflexion und kritische Anstrengung haben darum ihre reale Möglichkeit. Sie wäre das Gegenteil jenes blinden und verbissenen Fleißes, zu dem die Majorität sich einmal entschlossen hat. Er widerspricht der Bildung und der Philosophie, weil er von vornherein definiert wird von der Aneignung eines bereits Vorgegebenen und Gültigen, in der das Subjekt, der Lernende selbst, sein Urteil, seine Erfahrung, das Substrat von Freiheit abwesend sind.

Denn was mich an den Prüfungen eigentlich bestürzt, ist der Bruch zwischen dem, was philosophisch gearbeitet und vorgebracht wird, und den lebendigen Subjekten. Während deren Beschäftigung mit Philosophie die Identität ihres wahrhaften Interesses mit dem Fachstudium, zu dem sie sich entäußern, befördern sollte, setzt sie die Selbstentfremdung nur weiter fort. Diese steigert sich womöglich noch, indem die Philosophie als ein Ballast empfunden wird, der am Erwerb nützlicher Kenntnisse, entweder an der Vorbereitung in den Hauptfächern und damit am Fortkommen oder an der Aneignung von Wissensstoff für den Beruf hindert. Die abgeprüfte Philosophie ist in ihr Gegenteil umgeschlagen; anstatt die Adepten zu sich selbst zu bringen, taugt sie nur noch dazu, ihnen und uns vor Augen zu führen, wie sehr Bildung mißlang, nicht nur an den Kandidaten sondern überhaupt. Das Surrogat, an das sie sich dafür halten, ist der Begriff der Wissenschaft. Einmal meinte er, als Forderung, nichts ungesehen und ungeprüft zu akzeptieren, Freiheit, die Emanzipation von der Bevormundung durch heteronome Dogmen. Heute ist Wissenschaftlichkeit in einem Maß, vor dem einen schaudert, ihren Jüngern zu einer neuen Gestalt der Heteronomie geworden. Man wähnt, wenn man nach wissenschaftlichen Regeln sich richtet, dem wissenschaftlichen Ritual gehorcht, mit Wissenschaft sich umgibt, gerettet zu sein. Wissenschaftliche Approbation wird zum Ersatz der geistigen Reflexion des Tatsächlichen, in der Wissenschaft erst bestünde. Der Panzer verdeckt die Wunde. Das verdinglichte Bewußtsein schaltet Wissenschaft als Apparatur zwischen sich selbst und die lebendige Erfahrung. Je tiefer man ahnt, daß man das Beste vergessen hat, desto mehr tröstet man sich damit, daß man über die Apparatur verfügt. Immer wieder werde ich von Kandidaten gefragt, ob sie Sekundärliteratur benutzen dürfen, sollen, müssen, und was ich empfehle. Nun ist stets die Kenntnis von Sekundärliteratur gut, damit man nicht hinter den Stand der bereits erreichten Kenntnisse zurückfällt und womöglich den Nordpol noch einmal entdeckt.

Wer sich wissenschaftlich qualifizieren will, soll schließlich auch zeigen, daß er die Spielregeln wissenschaftlicher Arbeit beherrscht. Aber die Sorge um die Sekundärliteratur meint oft etwas ganz anderes. Einmal die Erwartung, daß man dort die Gedanken findet, die man, in masochistischer Selbsteinschätzung, vorweg sich nicht zutraut; dann aber hofft man, vielleicht gar nicht bewußt, durch wissenschaftliches Brimborium, durch Zitieren, reichhaltige Literaturverzeichnisse und Verweise der mystischen Gnadenwahl der Wissenschaft teilhaftig zu werden. Man will wenigstens einer der ihren sein, weil man sonst nichts ist. Ich neige nicht zur existentialistischen Philosophie, aber an solchen Momenten hat sie ein Wahrheitsmoment. Wissenschaft als Ritual dispensiert vom Denken und von der Freiheit. Sie hören, die Freiheit müsse gerettet werden, sie sei vom Osten her bedroht, und ich mache mir keine Illusionen über die Reglementierung des Bewußtseins jenseits der Zonengrenze. Aber manchmal scheint es mir, als wäre die Freiheit schon unterhöhlt auch bei denen, die sie formell noch haben; als gliche ihr geistiger Habitus bereits dem regressiven sich an, auch wo er nicht eigens verordnet ist; als wartete irgend etwas in den Menschen selbst auf jene Entlastung von der Autonomie, die alles meinte, was in Europa einmal zu achten und zu erhalten war. In der Unfähigkeit des Gedankens, sich zu erheben, lauert bereits das Potential, sich einzugliedern und irgendeiner Autorität so sich zu unterwerfen, wie man jetzt schon konkretistisch, willfährig an Bestehendem haftet. Manche werden den Bann womöglich noch vor sich selbst glorifizieren als das, was der Jargon der Eigentlichkeit echte Bindung nennt. Aber sie täuschen sich. Sie sind nicht über die Isolierung autonomen Geistes hinaus, sondern hinter der Individuation zurück und können darum auch diese nicht, wie sie sich einbilden mögen, überwinden.

Der Gedanke ans praktische Vorwärtskommen wird bei

vielen eine so eiserne Vormacht innehaben, daß nichts im Ernst ihm gegenüber erwogen wird. Ihre Haltung ist automatische Abwehr; darum weiß ich nicht, ob ich sie überhaupt erreiche. Dem verdinglichten Bewußtsein ist eigentümlich, sich in sich selbst einzurichten, bei sich selbst, bei der eigenen Schwäche zu beharren und sich um jeden Preis ins Recht zu setzen. Immer wieder staune ich über den Scharfsinn, den noch die Stumpfesten aufbringen, wenn es gilt, Schlechtes zu verteidigen. Man könnte mir entgegnen, ohne daß dem viel zu widersprechen wäre, jener Zustand sei bekannt, aber man vermöchte nichts dagegen. Stütze dessen wären generelle Besinnungen wie die, woher irgend jemand denn heute den Strahl jenes Sinns nehmen sollte, der ihm die eigene Arbeit erhellt. Man könnte weiter – und hier wäre ich der erste zuzustimmen – daran erinnern, daß soziale Bedingungen wie die Herkunft, über die niemand Macht habe, die Schuld dafür trügen, daß man dem emphatischen Begriff von Bildung nicht genügen könnte: die meisten seien um die allem ausdrücklichen Unterricht vorhergehenden Erfahrungen betrogen worden, von denen Bildung sich nährt. Man könnte weiter auf die Unzulänglichkeit der Universität, auf deren eigenes Versagen verweisen: vielfach gewährt sie selbst das nicht, was wir an den Kandidaten vermissen. Schließlich könnte man wieder einmal auf die Überbürdung mit Wissensstoff aufmerksam machen und auf die peinliche Examenssituation. Ich will nicht darüber rechten, wieviel von all dem zutrifft und was daran Vorwand ist; es gibt Einsichten, die an sich wahr sind, aber unwahr werden, sobald man sie für enge Interessen einspannt. So viel würde ich konzedieren, daß in einem Zustand, in dem die virtuelle Abhängigkeit aller vom übermächtigen Gesamtgefüge den Gedanken der Freiheit auf ein Minimum reduziert, der Appell an die Freiheit des Einzelnen etwas Hohles hat; Freiheit ist kein Ideal, das unveräußerlich und unveränderlich über den Häuptern der Menschen hängt – das Bild erinnert nicht umsonst an das Damoklesschwert –, sondern ihre Möglichkeit selbst variiert mit dem geschichtlichen Augenblick. Im gegenwärtigen ist immerhin der wirtschaftliche Druck auf den meisten kaum so unerträglich, daß er die Selbstbesinnung und die Selbstreflexion der Sache in sich verschlüge: es ist mehr das Gefühl der gesamtgesellschaftlichen Ohnmacht, einer universalen Abhängigkeit, die es zur Kristallisation der eigenen Bestimmung gar nicht mehr kommen läßt, als die materielle Not alten Stils.

Aber kann man denn von einem Menschen verlangen, daß er fliege? Ist der Enthusiasmus, wie ihn Platon, der schließlich wußte, was Philosophie sei, für deren wichtigste subjektive Bedingung hielt, etwas, was sich verordnen läßt? Die Antwort darauf ist nicht so einfach, wie sie dem abwehrenden Gestus dünkt. Denn dieser Enthusiasmus ist ja keine zufällige und etwa bloß vom biologischen Stadium der Jugend abhängige Phase. Sie hat einen objektiven Gehalt, das Ungenügen an der bloßen Unmittelbarkeit der Sache, die Erfahrung ihres Scheins. Über diesen sich zu erheben, wird aber von ihr selbst gefordert, sobald man sich guten Willens in sie versenkt. Die Erhebung, die ich meine, ist eins mit der Versenkung. Was fehlt, spürt ein jeder im Grunde selbst; ich weiß, daß ich nichts Neues sagte, sondern allenfalls einiges, was manche sich nicht eingestehen mögen. Aufs dringendste wären anzuraten Schellings Vorlesungen über die Methode des akademischen Studiums. Inmitten seines identitätsphilosophischen Ansatzes sind viele Motive dessen zu entdecken, wozu ich von ganz anderen Voraussetzungen aus gelangte; erstaunlich, daß die Situation im Jahre 1803, auf dem Höhepunkt der deutschen philosophischen Bewegung, mit Rücksicht auf das in Rede Stehende gar nicht so verschieden ist von der Gegenwart, in der Philosophie nicht mehr die gleiche Autorität ausübt. An den zukünftigen Lehrern wäre es nicht so sehr, sich zu etwas zu bekehren, was ihnen fremd und gleichgültig ist, als dem Bedürfnis zu folgen, das in ihrer Arbeit sich aufdrängt, und es nicht durch den vorgeblichen Zwang des Studiums sich ausreden zu lassen. Mit dem Geist mag es heute fragwürdiger bestellt sein als damals, und Idealismus predigen wäre komisch, selbst wenn er noch seine verlorene philosophische Aktualität hätte. Aber der Geist selbst trägt als nicht sich Bescheiden bei dem, was der Fall ist, jenen Schwung in sich, dessen es subjektiv bedürfte. Die Verpflichtung, seiner Bewegung sich anzuvertrauen, hat jeder unterschrieben, der einen geistigen Beruf wählte. Diese Verpflichtung sollte nicht weniger honoriert werden, als man etwa erwartet, daß der Prüfungsordnung gemäß verfahren wird. Niemand sollte mit einer Abgebrühtheit, die sich als Überlegenheit maskiert, von sich abschieben, was ich ausdrücken wollte und vielleicht gar nicht ganz deutlich ausdrücken konnte. Besser wäre es, dem nachzugehen, was ein jeder einmal sich versprochen und erwartet haben muß. Man darf sich nicht dabei beruhigen, es sei nun einmal so schlimm, und man könne nichts dagegen tun, sondern es ist über jene Fatalität und über ihre Konsequenzen für die eigene Arbeit, auch fürs Examen, nachzudenken. Das wäre der Anfang jener Philosophie, die nur denen sich verschließt, die sich gegen die Gründe verblenden, warum sie sich ihnen verschließt.

Notiz über Geisteswissenschaft und Bildung

Unter den Aspekten der gegenwärtigen Universität, denen gegenüber der Ausdruck Krise mehr ist als bloße Phrase, möchte ich einen hervorheben, den ich gewiß nicht entdeckt habe, der jedoch in der öffentlichen Diskussion kaum die genügende Aufmerksamkeit fand. Er hängt zusammen mit jenem Komplex, der als Divergenz von Bildung und fachlicher Schulung bekannt ist, deckt sich aber keineswegs damit. Auszudrücken ist er nicht leicht; das Vage und Thesenhafte des improvisierten Versuchs bedarf der Entschuldigung. Er gilt der Frage, ob der Universität heute Bildung dort noch gelinge, wo sie nach Thematik und Tradition an deren Begriff festhält, also in den sogenannten Geisteswissenschaften; ob im allgemeinen der Akademiker durch deren Studium überhaupt noch jene Art geistiger Erfahrung gewinnen kann, die vom Begriff Bildung gemeint war, und die im Sinn der Gegenstände selber liegt, mit denen er sich befaßt. Vieles spricht dafür, daß von eben dem Begriff der Wissenschaft, wie er nach dem Verfall der großen Philosophie aufkam und seitdem eine Art Monopol erlangte, jene Bildung unterhöhlt wird, welche er kraft des Monopols beansprucht. Wissenschaftliche Disziplin ist eine geistige Gestalt dessen, was Goethe wie Hegel als Entäußerung forderten: Hingabe des Geistes an ein ihm Entgegenstehendes und Fremdes, in der er erst seine Freiheit gewinnt. Wer solcher Disziplin sich entzogen hat, wird durch amateurhaftes Drauflosdenken und versiertes Geschwätz leicht nur unter das Niveau dessen herabsinken, wogegen er legitimen Widerwillen empfand; unter die heteronom ihm aufgedrungene Methode. Aber jene Disziplin und die Vorstellung von Wissenschaft, die ihr entspricht, und die mittlerweile zum Widerspiel dessen wurde, was Fichte, Schelling, Hegel unter dem Wort sich vorstellten, hat auf Kosten des ihr konträren Moments verhängnisvolles Übergewicht erlangt, ohne daß es dekretorisch sich zurücknehmen ließe. Spontaneität, Imagination, Freiheit zur Sache sind allen anders lautenden Erklärungen zum Trotz durch die allgegenwärtige Frage »Ist das auch Wissenschaft?« so eingeengt, daß der Geist noch in seinem einheimischen Bereich droht, entgeistet zu werden. Die Funktion des Wissenschaftsbegriffs ist umgeschlagen. Die vielberufene methodische Sauberkeit, allgemeine Kontrollierbarkeit, der Consensus der zuständigen Gelehrten, die Belegbarkeit aller Behauptungen, selbst die logische Stringenz der Gedankengänge ist nicht Geist: das Kriterium des Hieb- und Stichfesten wirkt jenem immer zugleich auch entgegen. Wo der Konflikt gegen die unreglementierte Einsicht entschieden ist, kann es zur Dialektik der Bildung, zum inwendigen Prozeß von Subjekt und Objekt gar nicht kommen, den man im Humboldtschen Zeitalter konzipierte. Organisierte Geisteswissenschaft ist Bestandsaufnahme und Reflexionsform des Geistes eher als dessen eigenes Leben; als Unähnliches will sie ihn erkennen und erhebt die Unähnlichkeit zur Maxime. Setzt sie sich aber an seine Stelle, so verschwindet er, auch in der Wissenschaft selbst. Das geschieht, sobald Wissenschaft als einziges Organon von Bildung sich betrachtet, und die Einrichtung der Gesellschaft sanktioniert kein anderes. Zur Intoleranz gegen den Geist, der ihr nicht gleicht, neigt Wissenschaft offenbar um so mehr, pocht um so mehr auf ihr Privileg, je tiefer sie ahnt, daß sie das nicht gewährt, was sie verspricht. An der Enttäuschung vieler geisteswissenschaftlicher Studenten in den ersten Semestern ist nicht nur deren Naivetät schuld, sondern ebenso, daß die Geisteswissenschaften jenes Moment von Naivetät, von Unmittelbarkeit zum Objekt eingebüßt haben, ohne das Geist nicht lebt; ihr Mangel an

Selbstbesinnung dabei ist nicht weniger naiv. Noch wo sie weltanschaulich dem Positivismus opponieren, sind sie insgeheim unter den Bann der positivistischen Denkmanier geraten, den eines verdinglichten Bewußtseins. Disziplin wird, im Einklang mit einer gesellschaftlichen Gesamttendenz, zum Tabu über alles, was nicht das je Gegebene stur reproduziert; eben das aber wäre die Bestimmung des Geistes. An einer ausländischen Universität wurde einem Studenten der Kunstgeschichte gesagt: Sie sind hier nicht, um zu denken, sondern um zu forschen. Das wird zwar in Deutschland, aus Respekt vor einer Tradition, von der wenig mehr übrig ist als solcher Respekt, nicht mit so dürren Worten ausgesprochen, läßt aber auch hierzulande die Gestalt der Arbeit nicht unberührt.

Die Verdinglichung des Bewußtseins, die Verfügung über seine eingeschliffenen Apparaturen schiebt sich vielfach vor die Gegenstände und verhindert die Bildung, die eins wäre mit dem Widerstand gegen Verdinglichung. Das Geflecht, mit welchem die organisierte Geisteswissenschaft ihre Gegenstände überzogen hat, wird tendenziell zum Fetisch; was anders ist zum Exzeß, für den in der Wissenschaft kein Raum sei. Der philosophisch dubiose Kultus der Ursprünglichkeit, der von der Heideggerschen Schule betrieben wird, hätte schwerlich die geisteswissenschaftliche Jugend so sehr fasziniert, käme er nicht auch einem wahrhaften Bedürfnis entgegen. Sie merken täglich, daß wissenschaftliches Denken, anstatt die Phänomene aufzuschließen, sich bei deren je schon zugerichteter Gestalt bescheidet. Indem jedoch der gesellschaftliche Prozeß verkannt wird, der das Denken verdinglicht, machen sie Ursprünglichkeit selbst wiederum zu einer Branche, zur angeblich radikalen und eben darum spezialistischen Frage. Was das verdinglichte wissenschaftliche Bewußtsein anstelle der Sache begehrt, ist aber ein Gesellschaftliches: Deckung durch den institutionellen Wissenschaftszweig, auf welchen jenes

Bewußtsein als einzige Instanz sich beruft, sobald man es wagt, an das sie zu mahnen, was sie vergessen. Das ist der implizite Konformismus der Geisteswissenschaft. Prätendiert sie, geistige Menschen zu bilden, so werden diese eher von ihr gebrochen. Sie errichten in sich eine mehr oder minder freiwillige Selbstkontrolle. Diese veranlaßt sie zunächst dazu, nichts zu sagen, was den etablierten Spielregeln ihrer Wissenschaft nicht gehorcht; allmählich verlernen sie, es auch nur wahrzunehmen. Selbst geistigen Gebilden gegenüber fällt es nachgerade den akademisch mit ihnen Befaßten schwer, etwas anderes zu denken als das, was dem unausdrücklichen und deshalb um so mächtigeren Wissenschaftsideal entspricht.

Seine repressive Gewalt beschränkt sich keineswegs auf bloße Lern- oder technische Fächer. Das Diktat, das in diesen die praktische Verwendbarkeit ausübt, hat auch die ergriffen, die solche Verwendbarkeit nicht beanspruchen können. Denn dem Begriff der Wissenschaft, der sich unaufhaltsam ausbreitete, seitdem sie und die Philosophie, aus beider Schuld und zu beider Schaden, auseinanderbrachen, ist die Entgeistung immanent. Bewußtlos schaltet akademische Bildung auch dort, wo sie es thematisch mit Geistigem zu tun hat, einer Wissenschaft sich gleich, deren Maß das Vorfindliche, Tatsächliche und seine Aufbereitung ist – jene Faktizität, bei der nicht sich zu bescheiden das Lebenselement des Geistes wäre. Wie tief Entgeistung und Verwissenschaftlichung miteinander verwachsen sind, zeigt sich daran, daß dann als Gegengift fertige Philosopheme von außen herangeholt werden. Man infiltriert sie den geisteswissenschaftlichen Interpretationen, um ihnen den mangelnden Glanz zu verleihen, ohne daß sie aus der Erkenntnis der geistigen Gebilde selbst heraussprängen. Mit komischer Bedeutsamkeit wird dann aus diesen immer wieder, differenzlos, das Gleiche herausgelesen.

Zwischen Geist und Wissenschaft lagert sich ein Vakuum.

Nicht nur die Fachausbildung, sondern auch Bildung selber bildet nicht mehr. Sie polarisiert sich nach den Momenten des Methodischen und des Informatorischen. Der gebildete Geist wäre demgegenüber ebenso eine unwillkürliche Reaktionsform wie seiner selbst mächtig. Nichts steht dem mehr im Bildungswesen bei, auch die hohen Schulen nicht. Verfemt die unreflektierte Verwissenschaftlichung zunehmend den Geist als eine Art von Allotria, dann verstrickt sie sich tiefer stets in den Widerspruch zum Gehalt dessen, womit sie sich befaßt, und zu dem, was sie für ihre Aufgabe hält. Sollen die Universitäten anderen Sinnes werden, so wäre in die Geisteswissenschaften nicht weniger einzugreifen als in die Fächer, vor denen jene zu Unrecht den Geist vorauszuhaben sich einbilden.

Jene zwanziger Jahre

Für Daniel-Henry Kahnweiler

Schlagworte machen sich verdächtig nicht bloß durch ihre Funktion, den Gedanken zur Spielmarke zu degradieren; sie sind auch Index ihrer eigenen Unwahrheit. Was das öffentliche Bewußtsein heute, zumal die Mode der Revivals den zwanziger Jahren zuschreibt, war damals, spätestens 1924, schon im Verblassen; die heroischen Zeiten der neuen Kunst lagen vielmehr um 1910, die des synthetischen Kubismus, des deutschen Frühexpressionismus, der freien Atonalität Schönbergs und seiner Schule. Darauf hat jüngst Adolf Frisé in einem Radiogespräch mit Lotte Lenya hingewiesen. Deutlich kann ich mich daran erinnern, daß ich nach einem Fest der IGNM, das in Frankfurt 1927 stattfand, einen Aufsatz ›Die stabilisierte Musik‹ veröffentlichte. Jene Phänomene der Rückbildung, der Neutralisierung, des Kirchhoffriedens, die man gemeinhin erst dem Druck des nationalsozialistischen Terrors zuschreibt, bildeten sich schon in der Weimarer Republik, überhaupt in der liberalen kontinental-europäischen Gesellschaft heraus. Die Diktaturen widerfuhren jener Gesellschaft nicht derart von außen, wie Pizarro in Mexiko einbrach, sondern wurden von der sozialen Dynamik nach dem ersten Weltkrieg gezeitigt und warfen ihren Schatten voraus.

Unmittelbar evident ist das an den Produkten der von hochkonzentrierter wirtschaftlicher Macht gesteuerten Massenkultur. Hört man die Schallplatten, die neuerdings Schlager, Songs, Chansons aus den zwanziger Jahren wieder beleben, so überrascht, wie wenig in der ganzen Sphäre sich geändert hat. Wie in der Mode wechselt die

Aufmachung; die Sache selbst, eine konventionelle, auf die bedingten Reflexe der Konsumenten zugeschnittene Sprache aus Signalen war wesentlich dieselbe, der Jazz etwa eine zeitlose Mode. Daß solche vergangenen Moden den gerade gängigen gegenüber einen Aspekt des Naiven und Unbeholfenen haben, dessen, was der slang der amerikanischen leichten Musik *corny* nennt, ist eher dem Zeitfaktor in abstracto, allenfalls der fortschreitenden Perfektionierung der Maschinerie, auch der der sozialpsychologischen Kontrolle zuzuschreiben als der Substanz des Verbreiteten. Das Moment des noch nicht ganz so Smarten, welches das Lächeln desselben Typus von Leuten provoziert, die damals Mistinguette und Marlene bejubelten, und die Sehnsucht, die verklärend heute an jene Produkte sich heftet, sind gleichen Wesens; der minder entwickelte Stand der Techniken der Konsumentenkultur wird mißdeutet, als wäre jene Periode näher an den Ursprüngen gewesen, während sie in Wahrheit genau so auf den Kundenfang zugeschnitten war wie 1960. Daß in der Sphäre einer nach industriellen Idealen rationalisierten Kultur überhaupt etwas sich ändert, ist paradox; das Prinzip der ratio selbst, soweit sie kulturelle Wirkungen geschäftlich kalkuliert, bleibt das Immergleiche. Darum hat es etwas Schockhaftes, wenn etwas aus der kulturindustriellen Zone veraltet. Der Schock dieser Paradoxie ist vom Surrealismus in den zwanziger Jahren selber schon, gegenüber der Welt von 1880, ausgebeutet worden; in England hat damals ein Buch wie *Our Fathers* von Allan Bott einen verwandten Effekt ausgelöst. Heute wiederholt er sich an den zwanziger Jahren, analog der Bilderwelt der achtziger um 1920. Durch die Wiederholung aber stumpft auch dieser Schock ab. Die Verfremdung der zwanziger Jahre ist das Gespenst eines Gespenstes.

Jene imago der zwanziger Jahre im deutschen Sprachbereich ist wahrscheinlich gar nicht so sehr geprägt durch die geistigen Bewegungen. Expressionismus und neue Musik dürften damals weit weniger Resonanz gefunden haben als gegenwärtig die radikalen ästhetischen Tendenzen. Vielmehr war es eine Bilderwelt der erotischen Phantasie. Sie wurde gespeist von Bühnenwerken, die damals für den Geist der Zeit standen und vollends heute dafür gelten, ohne daß sie der eigenen Zusammensetzung nach besonders avanciert gewesen wären. Die Songspiele, an denen Brecht und Weill zusammen arbeiteten, die Dreigroschenoper und Mahagonny, und Ernst Kreneks Jonny stehen für die Sphäre ein. Das Unbehagen an der seitdem in paradoxer Proportion zur gleichzeitigen Auflösung von Tabus fortschreitenden zivilisatorischen Entsexualisierung der Welt überträgt romantische Wünsche nach sexueller Anarchie, nach red light district und wide open city auf die zwanziger Jahre. Es steckt in alldem etwas maßlos Verlogenes. Die Begeisterung für die Spelunken-Jennys reimt sich auf die Verfolgung der Prostituierten, an denen die glasklare Ordnung, wenn ihr gerade keine passenderen Objekte zur Verfügung stehen, ihr Mütchen kühlt. Wäre es in den zwanziger Jahren so schön gewesen, so brauchte man nur die leichten Mädchen in Ruhe zu lassen und die Säuberungsaktionen abzublasen. Statt dessen macht man aufreizend-stubenreine Filme über die naughty twenties, lieber noch über den Toulouse-Lautrec der Großeltern. Dabei haben es jene Mädchen auch damals nicht umsonst getan. Der glücklos-kommerzialisierte Sexualbetrieb des Kurfürstendamms, wie George Grosz ihn zeichnete und Karl Kraus im Wort festnagelte, war der Utopie nicht näher als das keimfreie Klima von heutzutage.

Trotzdem hat die Vorstellung von den zwanziger Jahren als der Welt, in der man, wie es in Brechts Mahagonny heißt, alles dürfen darf, als einer Utopie, auch ihr Wahres. Damals, wie dann einmal noch kurz nach 1945, sah es wie die offene Möglichkeit einer politisch befreiten Gesellschaft aus. Allerdings sah es bloß so aus: bereits in den zwanziger Jahren war, durch die Ereignisse von 1919, gegen jenes politische Potential entschieden, das, wäre es anders gegangen, mit großer Wahrscheinlichkeit auch die russische Entwicklung tangiert, den Stalinismus verhindert hätte. Man kann sich schwer des Gefühls erwehren, daß jener doppelte Aspekt: der einer Welt, die zum Besseren sich wenden könnte, und der der Zerstörung jener Möglichkeit durch die Etablierung der Mächte, die dann vollends im Faschismus sich enthüllten, auch in der Ambivalenz der Kunst sich ausdrückte, welche tatsächlich den zwanziger Jahren spezifisch ist und nicht einer vagen und in sich selbst widerspruchsvollen Vorstellung von Klassikern der Moderne zugehört. Gerade jene Operngebilde, an die Ruhm und Skandal sich hefteten, nehmen in ihrem zwielichtigen Verhalten zur Anarchie heute so sich aus, als wäre es ihre Hauptfunktion gewesen, dem Nationalsozialismus die Parolen zuzuspielen, die ihm dann zum Kulturterror dienten; als hätte die geflissentlich hervorgekehrte Unordnung schon nach jener Ordnung gegiert, die dann der Hitler über Europa brachte. Das ist kein Ruhmestitel der zwanziger Jahre. Die Katastrophe, die auf sie folgte, wurde von ihren eigenen gesellschaftlichen Konflikten ausgebrütet, auch in der Sphäre dessen, was man Kultur zu nennen pflegt.

Soweit das Heimweh nach den zwanziger Jahren tatsächlich an ein Geistiges sich heftet und nicht bloß an die Luftspiegelung einer Phase, die zugleich avanciert und noch nicht von Zellophan-Moderne überzogen sein soll, entscheiden weniger Rang und Qualität des damals Hervorgebrachten als die wahre oder vermeintliche Stellung des Geistes selber. Vorbewußt wird gespürt, wie sehr die restaurierte Kultur von der Ideologie verschlungen wird, die sie immer auch schon war. Da man es denn schon nicht sich einzugestehen wagt, entwirft man das Wunschbild eines vergangenen Zustands, in dem der Geist noch nicht genötigt gewesen sei, sein Mißverhältnis zur Gewalt der Realität einzubekennen. Gegenüber dem, was seitdem geschah, nimmt er überhaupt einen Aspekt des Nichtigen an. Er ist schuldhaft, weil er das Entsetzen nicht verhindern konnte; seine eigene Zartheit und Fragilität aber setzt wiederum eine Realität voraus, die der Barbarei entronnen wäre. Mit allem, was man gegenwärtig als dem Geist versagt empfindet, belehnt man die imago der Zeit unmittelbar vor der Katastrophe. Die Abwesenheit eingreifender geistiger Bewegungen heute – schon der Existentialismus der ersten Nachkriegsjahre war nicht mehr als wiederholende Renaissance – erweckt auch in Harmlosen die Ahnung von Sterilität. Sie trägt bei zur Legende von den zwanziger Jahren, in denen selber der Bereich des Geistes wankte, der noch die alte Relevanz im Leben der Menschen beanspruchte. Daß nach 1918 der Kubismus nicht mehr aufgenommen werden konnte, ist wohl ein Symptom, das erst post mortem zu diagnostizieren ist. Kahnweiler berichtet: »Picasso me dit encore bien souvent à l'heure actuelle que tout ce qui a été fait dans les années de 1907 à 1914 n'a pu être fait que par un travail d'équipe. D'être isolé, seul, cela a dû l'inquiéter énormément et c'est alors qu'il y a eu ce changement.«[1] Die Isolierung, die dem Maler die Kontinuität seiner Arbeit zerstörte und die nicht ihn allein zu Revisionen veranlaßte, war kaum biographisch-zufälliges Schicksal. An ihr wurde der Schwund der kollektiven Energien offenbar, welche die großen Neuerungen der europäischen Kunst hervorgetrieben hatten. Die Verschiebung im Verhältnis zwischen dem einzelnen Geist und der Gesellschaft reichte hinab bis in die geheimsten Regungen auch derer, die jede Anpassung an die gesellschaftliche Nachfrage verschmähten. Nicht an

1 Daniel-Henry Kahnweiler, Mes galeries et mes peintres. Entretiens avec Francis Crémieux, Paris 1961, S. 73.

dem hat es gefehlt, was der naive Kulturglaube schöpferische Begabung nennt. In die Idee geistiger Produktion selbst ist ein Giftstoff geraten. Ihr Selbstbewußtsein, das Vertrauen, Geschichte zu machen, ist ausgehöhlt. Dazu stimmt, daß sie, gerade auch insofern sie rezipiert wird, nicht mehr eingreift. Selbst ihre exponiertesten Äußerungen sind nicht sicher vor dem integralen Kulturbetrieb. Weil der Weltgeist nicht mehr mit dem Geist ist, erglänzen dessen letzte Tage, als wären sie das goldene Zeitalter gewesen, das auch sie nicht waren. Was übrigblieb, ist Nachhall der faschistischen Autorität eher als lebendig; der gebildete Respekt vorm Anerkannten, mag es auch bloß als wichtig sich aufspreizen. Besser wäre erst ein Bewußtsein, das noch die eigene Depotenzierung realisiert; Beckett hat es. Es wäre nicht länger Kultur des erneuerten Truges, sondern drückte durch seine Gestalt aus, was den Geist zu solchem Trug erniedrigt. Vom Fluch ihrer Vergeblichkeit kurierte die Kultur einzig, daß sie den Fluch zu Protokoll gibt.

Das unsichere Verhältnis der Gegenwart zu den zwanziger Jahren wird bedingt von geschichtlicher Diskontinuität. Während das faschistische Jahrzehnt mit all seinen Elementen angelegt war in der Epoche unmittelbar vorher, bis tief in den Expressionismus hinein – einer von dessen Wortführern, Hans Johst, brachte es zur Naziprominenz, war übrigens schon während der zwanziger Jahre von Brecht mit gutem Instinkt parodiert worden –, hat doch der bei den Nazis beliebte Terminus Umbruch traurig recht behalten. Die Tradition, auch die antitraditionelle, ist abgebrochen, halbvergessene Aufgaben sind zurückgeblieben. Was künstlerisch nunmehr mit jener Epoche sich einläßt, greift nicht nur eklektisch auf eine unterdessen erloschene Produktivität zurück, sondern gehorcht zugleich auch der Verpflichtung, das Unerledigte nicht zu vergessen. Zur eigenen Konsequenz ist weiterzutreiben, was 1933 von einer Explosion begraben ward, die in ganz anderem Sinn Konsequenz der Epoche war.

Wie die gegenwärtige Kunst, ihrer eigenen Problematik nach, zum Avantgardismus der Vergangenheit sich zu verhalten hätte, läßt ganz deutlich sich ablesen, und die Künstler, die zählen, wissen es wohl. Unabdingbar bleibt der Antikonventionalismus; Formen kehren wieder nur im Innern der Werke, nicht als ein heteronom ihnen Auferlegtes. Mit allem Bewußtsein haben die Werke am geschichtlichen Stand ihrer Materialien sich zu messen; weder blind und fetischistisch dem Material sich zu überlassen, noch dem Material von außen her subjektive Intentionen aufzuprägen. Aussicht, irgend etwas nicht Überflüssiges zustande zu bringen, hat nur, was frei ist von Feigheit und Ichschwäche, was ungedeckt sich vorwagt und all dem absagt, was im Deutsch der nach-Hitlerischen Epoche mit einem widerlichen Ausdruck Leitbild heißt. Jede Rücksicht auf Wirkungen, wäre es auch unter dem Vorwand der gesellschaftlichen Funktion oder des Gedankens an den sogenannten Menschen, ist hinfällig; aber auch die Selbstherrlichkeit des Subjekts und seines Ausdrucks aus den heroischen Tagen der neuen Kunst. Dem Aspekt der Paradoxie in jeglicher Kunst selber kann keiner mehr ausweichen; ihn, und kein existentialistisches Philosophem, meint das Stichwort absurd. In jedem ihrer Momente muß die aktuelle Produktion der Krise des Sinnes eingedenk bleiben, der des subjektiv dem Gebilde verliehenen Sinns ebenso wie der einer sinnvollen Verfassung der Welt. Sonst verschachert sie sich an die Rechtfertigung. Die Kunstwerke heute, die allein als sinnvoll sich legitimieren, sind jene, die gegen den Begriff des Sinnes am sprödesten sich zeigen.

Impulse wären aufzunehmen, die schon in den gelobten zwanziger Jahre zu erstarren drohten oder verpufften. Aus der Distanz ist zu beobachten, daß viele Künstler, deren Nimbus dem der zwanziger Jahre gleichgesetzt wird, in jener Dekade den Zenit bereits überschritten hatten, jedenfalls gegen deren Ende; Kandinsky, wohl auch Picasso, Schönberg, selbst Klee. So fraglos Schönbergs Zwölftontechnik mit voller Logik aus seiner eigenen Leistung, aus der Emanzipation von der tonalen Sprache ebenso wie aus der Radikalisierung der motivisch-thematischen Arbeit entsprang, so fraglos ist bei dem Übergang zu systematischen Prinzipien etwas vom Besten verlorengegangen. Die Musiksprache hat, trotz des revolutionierten Materials, der herkömmlichen mehr sich angeglichen als in den besten Werken Schönbergs vor dem ersten Weltkrieg; die freigesetzte Spontaneität und Ungebundenheit des kompositorischen Subjekts ist von einem Ordnungsbedürfnis gezügelt worden, das als problematisch sich herausstellte, weil die Ordnung, die es hervorbrachte, eine aus dem Bedürfnis ist, keine rein aus der Sache selber. Was an Erstarrungsphänomenen in der Musik des letzten Jahrzehnts zutage trat, die oft und auch hämisch konstatierte Gefahr der Avantgarde, als zweiter Konformismus sich zu etablieren, ist weithin die Erbschaft jenes Ordnungsbedürfnisses. Was musikalisch von den zwanziger Jahren als Aufgabe tradiert ist, scheint gerade die Revision jenes Ordnungsbedürfnisses zu sein, eine *musique informelle*. Nur aufgewärmt, nicht jedoch aufgenommen werden können eben die Vorstellungen von Ordnung aus den zwanziger Jahren. Nichts anderes waren sie als die abstrakte Negation eines angeblichen Chaos, das man viel zu sehr fürchtete, als daß es im Ernst existiert hätte.

Zu reflektieren ist ebenso auf die Notwendigkeit, kompromißlos fortzuführen, was von innen und außen sistiert wurde, wie auf die Grenzen des Rekurses. Daß man nach dreißig oder vierzig Jahren, nach dem totalen Bruch, nicht einfach weitermachen kann, wo aufgehört ward, ist selbstverständlich. Die bedeutenden Werke jener Epoche dankten nicht wenig von ihrer Gewalt der fruchtbaren Spannung zu einem ihnen Heterogenen, zu der Tradition, gegen die sie aufbegehrten. Diese stand ihnen noch als Macht gegenüber, und gerade die produktivsten Künstler hatten viel von ihr in sich selbst. Mit der Reibung an dieser Tradition ist vieles von der Nötigung vergangen, die jene Werke inspirierte. Die Freiheit ist vollkommen, droht aber ohne ihr dialektisches Gegenüber leer zu laufen, während doch jenes Gegenüber aus dem Willen nicht sich konservieren ließe. Damit die gegenwärtige Kunst kein Aufguß der zwanziger Jahre werde, nicht zum Bildungsgut degradiere, was den Bildungsgütern absagte, müßte sie nicht nur der technischen Probleme, sondern auch der Bedingungen der eigenen Existenz sich bewußt werden. Sie hat zum gesellschaftlichen Schauplatz nicht mehr den sei's auch zerfallenen Spätliberalismus sondern eine gesteuerte, überdachte, integrierte Gesellschaft, die ‚verwaltete Welt'. Was in dieser als Protest der künstlerischen Form sich regt – und keine künstlerische Form wäre länger denkbar, die nicht Protest ist –, fällt selber in das Geplante, dem sie widersteht, und trägt die Male dieses Widerspruchs. Die Kunstwerke werden dadurch, daß sie, nach der Emanzipation und allseitigen Aufbereitung ihres Materials, rein aus dem eigenen Formgesetz sich entwickeln, ohne alles Heterogene, potentiell zu einem Allzublanken, Ausgefegten, Gefahrlosen. Ihr Menetekel sind die Tapetenmuster. Das Leiden eben daran lenkt den Blick auf die zwanziger Jahre, ohne daß er doch die Sehnsucht befriedigte. Wer für solche Dinge ein Gefühl hat, braucht nur die Titel ungezählter Bücher, Bilder, Kompositionen der jüngsten Phase sich anzuschauen, um etwas ernüchternd Sekundäres zu spüren. So unerträglich ist es deshalb, weil jedes Werk, das heute entsteht, ob es will oder nicht, auftritt, als ob es einzig sich selbst zu verdanken wäre. Das im fatalen Sinn Gewollte, der Mangel am Zwang der

Gebilde, da zu sein, wird ersetzt durchs abstrakte Bewußtsein dessen, was an der Zeit sei. Das spiegelt schließlich den Mangel an politischem Bezug. Der Begriff des Radikalen, gänzlich ins Ästhetische transponiert, hat etwas von ablenkender Ideologie, vom Trost über die reale Ohnmacht der Subjekte.

Keinen zwingenderen Beweis für die gegenwärtige kulturelle Aporie jedoch gibt es, als daß die Kritik an jenem ideologischen Wesen des chemisch reinen ästhetischen Fortschritts selbst sogleich wieder zur Ideologie wird. Im gesamten Ostbereich hält sie lediglich dazu her, noch die letzten ungebärdigen Regungen, wie sie in die Kunst sich geflüchtet haben, zu ersticken und dem Konformismus zur Totalität zu verhelfen. Das besagt aber wohl schließlich nicht weniger, als daß der Boden von Kunst selber erschüttert, daß ein ungebrochenes Verhältnis zum ästhetischen Bereich nicht mehr möglich ist. Der Begriff einer nach Auschwitz auferstandenen Kultur ist scheinhaft und widersinnig, und dafür hat jedes Gebilde, das überhaupt noch entsteht, den bitteren Preis zu bezahlen. Weil jedoch die Welt den eigenen Untergang überlebt hat, bedarf sie gleichwohl der Kunst als ihrer bewußtlosen Geschichtsschreibung. Die authentischen Künstler der Gegenwart sind die, in deren Werken das äußerste Grauen nachzittert.

Prolog zum Fernsehen

Die gesellschaftlichen, technischen, künstlerischen Aspekte des Fernsehens können nicht isoliert behandelt werden. Sie hängen in weitem Maß voneinander ab: die künstlerische Beschaffenheit etwa von der hemmenden Rücksicht auf die Publikumsmassen, über die sich hinwegzusetzen nur ohnmächtige Unschuld sich zutraut; die gesellschaftliche Wirkung von der technischen Struktur, auch von der Neuheit der Erfindung als solcher, die in Amerika sicherlich während der Anfangsphase den Ausschlag gab; aber auch von den offenen und versteckten Botschaften, welche die Fernsehproduktionen dem Betrachter übermitteln. Das Medium selbst jedoch fällt ins umfassende Schema der Kulturindustrie und treibt deren Tendenz, das Bewußtsein des Publikums von allen Seiten zu umstellen und einzufangen, als Verbindung von Film und Radio weiter. Dem Ziel, die gesamte sinnliche Welt in einem alle Organe erreichenden Abbild noch einmal zu haben, dem traumlosen Traum, nähert man sich durchs Fernsehen und vermag zugleich ins Duplikat der Welt unauffällig einzuschmuggeln, was immer man für der realen zuträglich hält. Die Lücke, welche der Privatexistenz vor der Kulturindustrie noch geblieben war, solange diese die Dimension des Sichtbaren nicht allgegenwärtig beherrschte, wird verstopft. Wie man außerhalb der Arbeitszeit kaum mehr einen Schritt tun kann, ohne über eine Kundgebung der Kulturindustrie zu stolpern, so sind deren Medien derart ineinander gepaßt, daß

Der *Prolog zum Fernsehen* ebenso wie *Fernsehen als Ideologie* beruht auf Studien, die der Autor 1952/53 als wissenschaftlicher Leiter der Hacker Foundation in Amerika durchführte. Die Resultate sind keineswegs blank auf das deutsche Fernsehen zu übertragen. Aber sie bezeichnen allgemeine Tendenzen der Kulturindustrie.

keine Besinnung mehr zwischen ihnen Atem schöpfen und dessen innewerden kann, daß ihre Welt nicht die Welt ist. »Im Theater wird durch die Belustigung des Gesichts und Gehörs die Reflexion sehr eingeschränkt« – Goethes Ahnung fände ihren Gegenstand erst an einem Gesamtsystem, in dem das Theater längst zu einem Museum von Vergeistigung ward, das aber dafür seine Konsumenten mit Kino, Rundfunk, illustrierten Zeitschriften, in Amerika vor allem auch mit den *Funnies* und *comic books* ohne Unterlaß bearbeitet. Erst das Zusammenspiel all der aufeinander abgestimmten und dennoch nach Technik und Effekt voneinander abweichenden Verfahren macht das Klima der Kulturindustrie aus. Daher fällt es den Soziologen so schwer zu sagen, what television does to people. Denn mögen immer die fortgeschrittenen Techniken der empirischen Sozialforschung die ‚Faktoren' isolieren, welche dem Fernsehen eigentümlich sind, so empfangen doch diese Faktoren selber ihre Kraft einzig im Ganzen des Systems. Eher werden die Menschen ans Unvermeidliche fixiert als verändert. Vermutlich macht das Fernsehen sie nochmals zu dem, was sie ohnehin sind, nur noch mehr so, als sie es ohnehin sind. Das entspräche der wirtschaftlich begründeten Gesamttendenz der gegenwärtigen Gesellschaft, in ihren Bewußtseinsformen nicht länger über sich selber, den status quo hinauszugehen, sondern diesen unablässig zu bekräftigen und, wo er etwa bedroht dünkt, wiederherzustellen. Der Druck, unter dem die Menschen leben, ist derart angewachsen, daß sie ihn nicht ertrügen, wenn ihnen nicht die prekären Leistungen der Anpassung, die sie einmal vollbracht haben, immer aufs neue vorgemacht und in ihnen selber wiederholt würden. Freud hat gelehrt, daß die Verdrängung der Triebregungen nie ganz und nie für die Dauer gelingt, und daß daher die unbewußte psychische Energie des Individuums unermüdlich dafür vergeudet wird, das, was nicht ins Bewußtsein gelangen darf, weiter im Unbewußten zu halten. Diese Sisyphusarbeit der individuellen Triebökonomie scheint heute ‚sozialisiert', von den Institutionen der Kulturindustrie in eigene Regie genommen, zum Vorteil der Institutionen und der mächtigen Interessen, die hinter ihnen stehen. Dazu trägt das Fernsehen, so wie es ist, das Seine bei. Je vollständiger die Welt als Erscheinung, desto undurchdringlicher die Erscheinung als Ideologie.

Die neue Technik weicht darin vom Film ab, daß sie, gleich dem Radio, den Konsumenten das Produkt ins Haus bringt. Die visuellen Bilder sind sehr viel kleiner als die im Kino. Diese Kleinheit wird vom amerikanischen Publikum bemängelt: man sucht die Bildfläche zu vergrößern, aber es scheint fraglich, ob in mit Möbeln ausstaffierten Privatwohnungen wie im Kino die Illusion der Lebensgröße erreicht werden kann. Vielleicht lassen sich die Bilder auf Wände projizieren. Aufschlußreich ist jedenfalls das Bedürfnis. Einstweilen dürfte das Miniaturformat der Menschen auf der Fernsehfläche die gewohnte Identifikation und Heroisierung behindern. Die da mit Menschenstimmen reden, sind Zwerge. Sie werden kaum in demselben Sinn ernst genommen wie die Filmfiguren. Von der realen Größe des Phänomens abstrahieren, es nicht mehr natürlich sondern ästhetisch wahrnehmen, erfordert eben jene Fähigkeit zur Sublimierung, die beim Publikum der Kulturindustrie nicht vorausgesetzt werden kann und die von dieser selbst geschwächt wird. Die Männchen und Weibchen, die man ins Haus geliefert bekommt, werden der unbewußten Perzeption zum Spielzeug. Manches davon mag dem Zuschauer Vergnügen bereiten: er empfindet sie als Eigentum, über das er verfügt, und fühlt sich ihnen überlegen. Darin berührt sich das Fernsehen mit den Funnies, jenen halbkarikaturistischen Serien von Abenteuerbildchen, die oft über Jahre hindurch dieselben Figuren von Episode zu Episode geleiten. Auch dem Inhalt nach sind viele in Fortsetzungen gesendete Fernsehspiele, zumal Possen, den Funnies verwandt. Im Gegensatz zu diesen jedoch, die auf keinen Realismus aus sind, bleibt im Fernsehen das Mißverhältnis zwischen den einigermaßen natürlich wiedergegebenen Stimmen und den verkleinerten Gestalten unverkennbar. Aber solche Mißverhältnisse durchsetzen alle Produkte der Kulturindustrie und gemahnen an den Trug des verdoppelten Lebens. Man hat gelegentlich bemerkt, daß auch der Tonfilm stumm sei, daß Widerspruch herrsche zwischen den zweidimensionalen Bildern und der leibhaftigen Rede. Solche Widersprüche nehmen offenbar zu, je mehr Elemente der sinnlichen Wirklichkeit von der Kulturindustrie aufgesogen werden. Die Analogie zu den totalitären Staaten beider Versionen drängt sich auf: je mehr, unter diktatorialem Willen, das Auseinanderweisende integriert wird, um so mehr schreitet die Desintegration fort, um so mehr fällt auseinander, was nicht von sich aus zusammengehört, sondern bloß äußerlich addiert wird. Die lückenlose Bilderwelt gerät brüchig. An der Oberfläche läßt sich das Publikum wenig davon stören. Unbewußt wird es davon wissen. Der Verdacht, daß die Realität, die man serviert, nicht die sei, für die sie sich ausgibt, wird wachsen. Nur führt das zunächst nicht zum Widerstand, sondern man liebt, mit verbissenen Zähnen, das Unausweichliche und zuinnerst Verhaßte um so fanatischer.

Beobachtungen wie die von der Rolle der absoluten Dimensionen der Fernsehobjekte lassen sich nicht trennen von der spezifischen Fernsehsituation, der des Heimkinos. Auch sie wird eine Tendenz der gesamten Kulturindustrie verstärken: die zur Herabsetzung der Distanz von Produkt und Betrachter, im wörtlichen und übertragenen Sinn. Sie ist wiederum ökonomisch vorgezeichnet. Was die Kulturindustrie liefert, empfiehlt sich allein schon durch die in Amerika eingestandene Reklamefunktion als Ware, als Kunst für den Konsumenten; wahrscheinlich in geradem

Verhältnis zu dem Maß, in dem sie durch Zentralisierung und Standardisierung dem Konsumenten aufgezwungen ist. Dieser wird zu dem angehalten, wohin er von selbst neigt, nämlich nicht das Gebilde als ein An sich zu erfahren, dem er Aufmerksamkeit, Konzentration, Anstrengung und Verständnis schuldet, sondern als eine Gefälligkeit, die ihm erwiesen wird und die er danach einschätzen darf, daß sie ihm auch gefällig genug ist. Was längst der Symphonie geschah, die der müde Angestellte, in Hemdsärmeln seine Suppe schlürfend, mit halbem Ohr toleriert, geschieht nun auch den Bildern. Sie sollen seinem grauen Alltag Glanz spenden und doch ihm selber wesentlich gleichen: so sind sie vorweg vergeblich. Was anders wäre, ist unerträglich, weil es an das erinnert, was ihm versagt ist. Alles erscheint, als gehöre es ihm, weil er selber sich nicht gehört. Er muß sich nicht einmal mehr fortbewegen, um ins Kino zu kommen, und was ihn in Amerika kein Geld und nirgends Anstrengung kostet, dürfte er nur desto geringer schätzen. Die bedrohlich erkaltete Welt kommt zutraulich zu ihm, als wäre sie ihm auf den Leib geschrieben: er verachtet sich in ihr. Distanzlosigkeit, die Parodie auf Brüderlichkeit und Solidarität, hat dem neuen Medium sicherlich zu seiner unbeschreiblichen Popularität mitverholfen. Alles wird vom kommerziellen Fernsehen vermieden, was, wie sehr auch entfernt, an die kultischen Ursprünge des Kunstwerks, dessen Zelebrierung bei besonderm Anlaß anklingen könnte. Mit der Begründung, Fernsehen im dunklen Raum sei schmerzhaft, läßt man abends das elektrische Licht brennen, und weigert sich, unter Tags die Rolläden zu schließen: die Situation darf sich von der normalen möglichst wenig abheben. Undenkbar, daß die Erfahrung der Sache selbst davon unabhängig bliebe. Die Grenze zwischen Realität und Gebilde wird fürs Bewußtsein herabgemindert. Das Gebilde wird für ein Stück Realität, eine Art Wohnungszubehör genommen, das man mit dem Apparat sich gekauft hat, dessen Besitz ohnehin unter Kindern das Prestige erhöht. Schwerlich ist es zu weit hergeholt, daß umgekehrt die Realität durch die Fernsehbrille angeschaut, daß der unterschobene Sinn des Alltags auf diesen zurückgespiegelt wird.

Das kommerzielle Fernsehen bildet das Bewußtsein zurück, aber nicht durch Verschlechterung des Inhalts der Sendungen gegenüber dem von Film und Radio. Zwar begegnet man in Hollywood gerade unter Filmleuten häufig der Behauptung, durch die Fernsehprogramme werde das Niveau noch weiter gesenkt. Aber dabei benutzen die älteren Sektoren der Kulturindustrie, deren manche durch die Konkurrenz empfindlich bedroht sind, das Fernsehen doch wohl als Sündenbock. Die Lektüre einiger freilich die Gesamtproduktion kaum spiegelnder Fernsehspiele im Manuskript läßt darauf schließen, daß das Material nicht weniger taugt als das der mittlerweile völlig genormten und eingefrorenen Filmscripts, und eher mehr als das der im Radio so beliebten *soap opera*, der serienweise hergestellten akustischen Familienromane, in denen allezeit eine gütige Mutterfigur oder ein abgeklärter älterer Herr der gärenden Jugend aus ihren Verlegenheiten hilft. Trotzdem leuchtet die Behauptung ein, es werde durchs Fernsehen schlimmer und nicht besser, ähnlich wie seinerzeit die Erfindung der Tonaufnahme die ästhetische und gesellschaftliche Qualität des Films herabdrückte, ohne daß doch heute der stumme Film wieder zu erwecken, das Fernsehen abzuschaffen wäre. Verantwortlich dafür aber ist das Wie, nicht das Was. Jene fatale ‚Nähe' des Fernsehens, Ursache auch der angeblich gemeinschaftsbildenden Wirkung der Apparate, um die Familienangehörige und Freunde, die sich sonst nichts zu sagen wüßten, stumpfsinnig sich versammeln, befriedigt nicht nur eine Begierde, vor der nichts Geistiges bestehen darf, wenn es sich nicht in Besitz verwandelt, sondern vernebelt obendrein die reale Entfremdung zwischen den Menschen und zwischen Menschen und Dingen. Sie wird zum Ersatz einer gesellschaftlichen Unmittelbarkeit, die den Menschen versagt ist. Sie verwechseln das ganz und gar Vermittelte, illusionär Geplante mit der Verbundenheit, nach der sie darben. Das verstärkt die Rückbildung: die Situation verdummt, auch wenn der Inhalt des Angeschauten nicht dümmer ist, als womit die Zwangskonsumenten sonst gefüttert werden. Daß wahrscheinlich diese dem bequemen und billigeren Fernsehen mehr frönen als dem Kino, und mehr als dem Radio, weil sie zum Akustischen das Optische noch draufbekommen, trägt weiter zur Rückbildung bei. Süchtigkeit ist unmittelbar Regression. An ihr hat gerade die gesteigerte Verbreitung visueller Produkte entscheidenden Anteil. Während fraglos das Gehör in vieler Hinsicht ‚archaischer' ist als der alert auf die Dingwelt eingeschworene Gesichtssinn, ist doch die Bildersprache, die der Vermittlung des Begriffs enträt, primitiver als die der Worte. Der Sprache aber werden die Menschen durchs Fernsehen noch mehr entwöhnt, als sie es auf der ganzen Erde heute schon sind. Wohl reden die Schatten auf dem Fernsehschirm, aber ihre Rede ist womöglich noch mehr Rückübersetzung als die im Film, bloßes Anhängsel an die Bilder, nicht Ausdruck einer Intention, eines Geistigen, sondern Verdeutlichung der Gesten, Kommentar der Weisungen, die vom Bild ausgehen. So werden in Bildwitzen Worte zuweilen noch an den Mund der Figuren geschrieben, weil man sich sonst nicht ganz sicher darauf verlassen kann, daß rasch genug verstanden wird, was vorgeht.

Worin die Reaktionen der Betrachter aufs gegenwärtige Fernsehen bestehen, ließe bündig sich ausmachen nur durch weitschichtige Forschungen. Da das Material aufs Unbewußte spekuliert, hülfe direkte Befragung nicht. Vorbewußte oder unbewußte Wirkungen entziehen sich der unmittelbaren sprachlichen Kundgabe durch die Befragten.

Diese werden entweder Rationalisierungen oder abstrakte Aussagen wie die, daß der Fernsehapparat sie ‚unterhalte', vorbringen. Was eigentlich in ihnen sich ereignet, könnte nur umständlich ermittelt werden, etwa indem man Fernsehbilder ohne Worte als projektive Tests verwendet und die Assoziationen der Versuchspersonen studiert. Volle Einsicht wäre wohl erst durch zahlreiche psychoanalytisch orientierte Individualstudien an Gewohnheitsfernsehern zu gewinnen. Vorweg wäre zu untersuchen, wie weit die Reaktionen überhaupt spezifisch sind, und wie weit die Gewohnheit des Fernsehens lediglich dem Bedürfnis dient, sinnleere Freizeit totzuschlagen. Immerhin darf ein Medium, das ungezählte Millionen erreicht und das zumal bei Jugendlichen und Kindern oft jedes andere Interesse übertäubt, als eine Art Stimme des objektiven Geistes gelten, auch wenn dieser nicht mehr unwillkürlich aus dem gesellschaftlichen Kräftespiel resultiert, sondern industriell geplant wird. Hat doch die Industrie stets noch in gewissem Umfang die miteinzukalkulieren, die sie versorgt, wäre es auch nur, um die Waren der Gönner, *sponsors*, eines jeden Programms auch tatsächlich an den Mann zu bringen. Vorstellungen indessen wie die, daß die im Fernsehen kulminierende Massenkultur der authentische Niederschlag des kollektiven Unbewußten sei, verfälschen das Visierte durch die Wahl der Akzente. Wohl knüpft die Massenkultur an Schemata des Bewußten und Unbewußten an, die sie in den Konsumenten mit Recht als verbreitet voraussetzt. Dieser Fundus besteht zunächst in den sei es verdrängten, sei es einfach unbefriedigten Triebregungen der Massen, denen die Kulturwaren mittelbar oder unmittelbar entgegenkommen; meist mittelbar, etwa indem, wie der amerikanische Psychologe G. Legman nachdrücklich gezeigt hat, Sexuelles durch die Darstellung entsexualisierter Roheit und Gewalttat ersetzt wird. Beim Fernsehen läßt sich das noch in den anscheinend harmlosesten

Possen nachweisen. Vermöge solcher und anderer Abwandlungen jedoch geht der Wille der Verfügenden in jene Bildersprache[2] ein, die sich so gern als die der mit ihr Belieferten ausgeben möchte. Indem erweckt wird und bildlich repräsentiert, was in ihnen vorbegrifflich schlummert, wird ihnen zugleich vorgemacht, wie sie sich benehmen sollen. Während die Bilder jene heraufrufen wollen, die im Zuschauer begraben liegen und die jenen ähnlich sind, nähern zugleich die aufblitzenden und entgleitenden Bilder von Film und Television der Schrift sich an. Sie werden aufgefaßt, nicht betrachtet. Das Auge wird vom Streifen mitgezogen wie von der Zeile, und im sanften Ruck des Szenenwechsels blättert die Seite sich um. Als Bild ist die Bilderschrift Mittel einer Regression, in der Produzent und Konsument sich zusammenfinden; als Schrift stellt sie die archaischen Bilder der Moderne zur Verfügung. Entzauberter Zauber, übermitteln sie kein Geheimnis, sondern sind Modelle eines Verhaltens, das der Gravitation des Gesamtsystems ebenso wie dem Willen der Kontrolleure entspricht. Das Vertrackte des Zusammenhangs, das den Irrglauben befördert, der Herren eigener Geist sei der der Zeit, liegt nun aber darin, daß auch jene Manipulationen, welche das Publikum nach den Forderungen eines dem Bestehenden angepaßten Verhaltens zurechtstutzen, sich immer auf Momente im Bewußtseins- und Unbewußtseinsleben der Konsumenten berufen können und mit einem Schein von Recht diesen die Schuld

2 Die Interpretation der Massenkultur als ›Hieroglyphenschrift‹ findet sich in dem unveröffentlichten, 1943 entworfenen Teil des Kapitels ›Kulturindustrie‹ aus der *Dialektik der Aufklärung* von Max Horkheimer und Theodor W. Adorno. Ganz unabhängig davon wird derselbe Begriff verwandt in dem Aufsatz ›First Contribution to the Psycho-Analysis and Aesthetics of Motion Picture‹ von Angelo Montani und Guilio Pietranera, *Psychoanalytic Review*, April 1946. Auf die Differenzen der beiden Abhandlungen kann hier nicht eingegangen werden. Auch die italienischen Autoren kontrastieren die Stellung der Massenkultur zum Unbewußten der autonomen Kunst, erheben jedoch den Gegensatz nicht zur Theorie.

aufbürden. Denn Zensur und Einübung eines konformierenden Verhaltens, wie sie noch in der zufälligsten Geste des Fernsehspiels sich mitteilen, haben nicht nur mit Menschen zu rechnen, denen dergleichen durch das mittlerweile schon ehrwürdige, bis auf die Anfänge des englischen Romans gegen Ende des siebzehnten Jahrhunderts zurückdatierende Schema der Massenkultur eingehämmert ist, sondern die in Betrieb gesetzten Reaktionsformen hatten sich, längst ehe sie mit ideologischen Manövern exerziert wurden, in der ganzen neueren Geschichte durchgesetzt und sind als zweite Natur verinnerlicht. Die Kulturindustrie grinst: werde was du bist, und ihre Lüge besteht gerade in der wiederholenden Bestätigung und Verfestigung des bloßen Soseins, dessen, wozu der Weltlauf die Menschen gemacht hat. Um so überzeugender kann sie darauf pochen, daß nicht der Mörder, sondern der Ermordete schuldig sei: daß sie nur dem ans Licht verhelfe, was ohnehin in den Menschen steckt.

Anstatt dem Unbewußten die Ehre anzutun, es zum Bewußtsein zu erheben und damit zugleich seinen Drang zu erfüllen und seine zerstörende Kraft zu befrieden, reduziert die Kulturindustrie, an ihrer Spitze das Fernsehen, die Menschen mehr noch auf unbewußte Verhaltensweisen, als die Bedingungen einer Existenz zuwege bringen, die den mit Leiden bedroht, der sie durchschaut, und dem Belohnungen verspricht, der sie vergötzt. Das Starre wird nicht aufgelöst, sondern verhärtet. Die Vokabeln der Bilderschrift sind Stereotypen. Sie werden verteidigt mit technologischen Notwendigkeiten wie der, erschreckliche Mengen von Material in kürzester Zeit herzustellen, oder in den meist nur viertel- oder halbstündigen Sketches Nam' und Art der dramatischen Personen den Zuschauern ohne Säumen drastisch kundzutun. Der Kritik daran wird entgegnet, mit Stereotypen habe die Kunst von je operiert. Aber der Unterschied zwischen abgefeimt-psychologisch kalkulierten Schnittmustern und unbeholfen ungeschickten; zwischen solchen, die die Menschen nach der Massenproduktion modeln wollen und solchen, die aus dem Geist der Allegorie objektive Wesenheiten noch einmal beschworen, ist radikal. Vor allem waren hochstilisierte Typen wie die der Commedia dell'arte dem alltäglichen Dasein des Publikums so entrückt, daß niemand darauf verfallen konnte, seine eigene Erfahrung nach den maskenhaften Clowns einzurichten. Die Stereotypen des Fernsehens dagegen gleichen äußerlich, bis auf Tonfall und Dialekt, Hinz und Kunz, während sie doch Parolen wie die, daß alle Ausländer verdächtig sind oder daß der Erfolg das Höchste sei, was man vom Leben zu erwarten habe, nicht nur propagieren, sondern durchs bloße Gehabe ihrer Helden als gottgewollt und ein für alle Mal etabliert ausgeben, ehe nur die Moral gezogen wird, die zuweilen sogar das Umgekehrte besagt. Daß Kunst es mit dem Protest des von der Zivilisation verschandelten Unbewußten zu tun habe, darf nicht als Ausrede für den Mißbrauch des Unbewußten zugunsten noch gründlicherer zivilisatorischer Verschandelung dienen. Will Kunst dem Unbewußten und Vorindividuellen sein Recht widerfahren lassen, so bedarf es dazu der äußersten Anstrengung des Bewußtseins und der Individuierung; wird diese Anstrengung nicht geleistet und statt dessen dem Unbewußten willfahrt, indem man es mechanisch reproduziert, so entartet das Unbewußte zur bloßen Ideologie für bewußte Ziele, wie dumm auch diese am Ende sich erweisen mögen. Daß in einer Phase, in der die ästhetische Differenzierung und Individuierung mit so befreiender Kraft gesteigert ward wie im Romanwerk von Proust, solche Individuierung zugunsten eines fetischisierten, zum Selbstzweck erhobenen Kollektivismus und zum Frommen von ein paar Nutznießern widerrufen wird, sanktioniert die Barbarei. Seit vierzig Jahren finden sich Intellektuelle genug, die aus Masochismus oder materiellem Interesse oder beidem zu deren Herolden sich hergeben. Ihnen ist zu bedeuten, daß das gesellschaftlich Wirksame und das gesellschaftlich Richtige nicht zusammenfallen, und daß heute das eine nichts ist als das Gegenteil des anderen. »Unser Anteil an öffentlichen Angelegenheiten ist meist nur Philisterei« – der Satz Goethes aus Makariens Archiv gilt auch für jene öffentlichen Dienste, welche die Institutionen der Kulturindustrie zu leisten behaupten.

Was aus dem Fernsehen werden mag, läßt sich nicht prophezeien; was es heute ist, hängt nicht an der Erfindung, nicht einmal an den besonderen Formen ihrer kommerziellen Verwertung sondern am Ganzen, in welches das Mirakel eingespannt ist. Die Phrase von der Erfüllung von Märchenphantasien durch die moderne Technik hört erst auf, eine zu sein, wenn man ihr die Märchenweisheit hinzufügt, daß die Erfüllung der Wünsche selten den Wünschenden zum Guten anschlägt. Richtig wünschen ist die schwerste Kunst von allen, und sie wird uns seit der Kindheit abgewöhnt. Wie der Ehemann, dem die Fee drei Wünsche gestattet, seinem Weib eine Bratwurst an die Nase und wieder fortzaubert, so erblickt der, dem der Genius der Naturbeherrschung gewährt, das Ferne zu sehen, einzig das Gewohnte, bereichert um die Lüge, es wäre verschieden, die es aufspreizt zum falschen Sinn seines Daseins. Sein Traum von der Allmacht wird wahr als vollendete Ohnmacht. Bis heute realisieren die Utopien sich bloß, um den Menschen die Utopie auszutreiben und um sie aufs Bestehende und aufs Verhängnis desto gründlicher zu vereidigen. Damit Fernsehen das Versprechen hält, das in dem Wort immer noch mitschwingt, muß es von all dem sich emanzipieren, womit es, verwegenste Wunscherfüllung, deren eigenes Prinzip widerruft und die Idee des Großen Glücks verrät ans Warenhaus fürs kleine.

Fernsehen als Ideologie

Zur Ergänzung der formalen Charakteristik des Fernsehens im System der Kulturindustrie sei auf den spezifischen Inhalt von Darbietungen eingegangen. Ohnehin sind Inhalt und Präsentationsweise derart miteinander verschworen, daß jener für diese ebenso einstehen kann wie umgekehrt. Von der Form zu abstrahieren, wie es jedem Kunstwerk gegenüber banausisch wäre, mißt eine Sphäre mit ihrem eigenen Maß, die ästhetische Autonomie nicht kennt und die Form durch Funktionieren und Aufmachung ersetzt. Die inhaltliche Analyse von Fernseh-Manuskripten ist geraten, weil sie wiederholt sich lesen und studieren lassen, während die Vorführung vorbeifliegt. Würde dem entgegengehalten, das behende Phänomen bringe schwerlich alle jene Wirkungen hervor, welche die Analyse als Potential des Manuskripts bestimmt, so ist darauf zu erwidern, daß, da ja jene Implikationen in weitem Maß aufs Unbewußte zugeschnitten sind, ihre Macht über den Zuschauer vermutlich anwächst in einer Perzeptionsweise, die der Kontrolle seines bewußten Ichs so rasch sich entzieht. Überdies sind die Züge, um die es sich handelt, niemals solche des je erörterten Einzelfalls, sondern gehören einem Schema an. Sie kehren unzählige Male wieder. Die geplanten Wirkungen haben sich mittlerweile sedimentiert.

Das Material stammt aus vierunddreißig Fernsehspielen verschiedener Typen und Niveaus. Um für dergleichen Studien repräsentative Gültigkeit im statistischen Sinn zu gewinnen, wäre es notwendig, das Material streng nach einem Stichprobenverfahren auszusuchen, während die Pilotenstudie sich mit den Manuskripten begnügen mußte, die zur Verfügung gestellt wurden. Doch läßt die Standardisierung der gesamten Produktion, ebenso wie die Uniformität der bereits gelesenen Manuskripte untereinander, erwarten, daß eine nach den Kriterien der amerikanischen content analysis organisierte Untersuchung die bislang ausgesiebten Kategorien zwar durch andere ergänzen, nicht aber grundsätzlich neue Ergebnisse zeitigen würde, und New Yorker Erhebungen von Dallas W. Smythe haben diese Annahme noch wahrscheinlicher gemacht.

Was in Beverly Hills zugänglich war, dürfte eher über dem Durchschnitt liegen. Die Studie beschränkte sich auf Fernsehspiele. Diese sind in vielem Betracht den Filmen ähnlich; übrigens wird ein nicht unerheblicher Teil der Programme von Filmen bestritten. Der Hauptunterschied ist eben jene viel kürzere Dauer der Fernsehspiele: meist eine Viertelstunde, höchstens eine halbe. Die Qualität wird davon mitbetroffen. Selbst die bescheidene Entfaltung der Handlung und der Charaktere, die der Film duldet, ist unterbunden; alles muß sogleich feststehen; die angebliche technologische Notwendigkeit, die selber vom kommerziellen System herrührt, kommt der Stereotypie und ideologischen Starrheit zugute, welche die Industrie überdies mit der Rücksicht auf ein jugendliches oder infantiles Publikum verteidigt. Zu den Filmen verhalten sich jene Fernsehspiele vergleichsweise wie Detektivnovellen zu Detektivromanen; die Kurzatmigkeit der Form steht beide Male im Dienst einer geistigen. Sonst aber sollte man das Sonderwesen der Fernsehproduktion nicht übertreiben, wenn man nicht selber zur Ideologie beitragen will. Die Ähnlichkeit mit den Filmen bezeugt die Einheit der Kulturindustrie; wo man sie anpackt, ist fast gleichgültig.

Die Fernsehspiele nehmen sehr viel Sendezeit in Anspruch. Die Dezemberausgabe 1951 der *Los Angeles Television* von Dallas W. Smythe und Angus Campbell, veröffentlicht von der ›National Association of Educational Broadcasters‹, wies nach, daß dramatische Programme die häufigsten waren. Mehr als ein Viertel der gesamten Darbietungen während einer beliebig herausgegriffenen Woche war solchen dramatischen Programmen ‚für Erwachsene' vorbehalten. Während der Abendstunden, also der günstigsten Sendezeit, wuchs die Zahl auf 34,5 Prozent an. Fernsehspiele für Kinder kamen noch hinzu. Unterdessen stieg die Menge der Fernsehspiele in New York auf 47 Prozent der Gesamtproduktion. Da der Aspekt sozialpsychologischer Manipulation, der übrigens auch anderen Typen nicht fehlt, an diesen numerisch so schwerwiegenden Programmen am deutlichsten zutage kommt, scheint es vollends gerechtfertigt, daß die Pilotenstudie mit ihnen vorliebnahm.

Um einleuchten zu lassen, wie diese Programme ihre Betrachter affizieren, ist an den allzu vertrauten Begriff der ästhetischen Vielschichtigkeit zu erinnern; die Tatsache, daß kein Kunstwerk seinen eigentlichen Gehalt von sich aus eindeutig kommuniziert. Er ist vielmehr komplex, läßt sich nicht festnageln und entfaltet sich erst in einem geschichtlichen Prozeß. Unabhängig von den Analysen aus Beverly Hills hat Hans Weigel in Wien dargetan, daß der Film, Produkt geschäftlicher Planung, solche Vielschichtigkeit nicht kennt; mit dem Fernsehen verhält es sich ebenso. Aber es wäre noch zu optimistisch zu glauben, die ästhetische Vielschichtigkeit sei durch informatorische Eindeutigkeit ersetzt. Vielmehr wird die Vielschichtigkeit, oder: ihre Verfallsform, von den Produzenten zu ihrem eigenen Besten umfunktioniert. Sie treten ihr Erbe an, indem sie mehrere, psychologisch übereinander gelagerte Schichten im Zuschauer voraussetzen, die sie gleichzeitig zu durchdringen suchen im Sinn eines einheitlichen und nach den Begriffen der Lenker rationalen Ziels, der Verstärkung des Konformismus im Zuschauer und der Befestigung des status quo. Unermüdlich lassen sie den Betrachtern mit

einem Schlag offene und verborgene ‚Botschaften', *messages*, zukommen. Vielleicht haben die letzteren, als die psychotechnisch wirksameren, im Planen den Vorrang.
Die Heldin einer Fernsehposse aus einer Serie, die von einer Lehrerorganisation preisgekrönt ward, ist eine junge Lehrerin. Nicht bloß wird sie erbärmlich bezahlt, sondern hat auch noch nach den Vorschriften eines lächerlich aufgeblähten und autoritären Schuldirektors dauernd Konventionalstrafen zu zahlen. So fehlt es ihr an Geld, und sie leidet Hunger. Die angebliche Komik besteht darin, daß sie mit kleinen Listen versucht, von allerhand Bekannten sich zum Essen einladen zu lassen, doch stets ohne Erfolg; es scheint übrigens, daß die bloße Erwähnung von Essen der Kulturindustrie bereits für humoristisch gilt. Auf mehr als solchen Humor und den leichten Sadismus der peinlichen Situationen, in welche das Mädchen gerät, zielt der Ehrgeiz der Posse nicht; sie verkauft keine Idee. Die verborgene Botschaft besteht einzig in dem Blick des Manuskripts auf Menschen, der das Publikum dazu verführt, sie ebenso zu sehen, ohne daß jenes es nur merkte. Die Heldin bewährt so fröhlichen Mut und so viel geistige Überlegenheit, daß ihre glücklichen Eigenschaften als Entschädigung für ihr armseliges Los erscheinen: es wird zur Identifikation mit ihr ermuntert. Jedes Wort, das sie spricht, ist ein Witz. Die Posse gibt dem Zuschauer zu verstehen: wenn du Humor hast, gutmütig bist, raschgeistig und charmant, brauchst du dich nicht allzusehr über deinen Hungerlohn aufzuregen; du bleibst doch immer noch, was du bist.
In einer anderen Posse derselben Serie setzt eine exzentrische alte Frau das Testament ihrer Katze auf und macht ein paar Schullehrer, Personen aus vorhergehenden Stükken, zu ihren Erben. Jeder Erbe läßt sich von dem Testament dazu verführen, sich so zu benehmen, als hätte er den Testator gekannt. Dessen Name ist Mr. Casey, so daß die

präsumtiven Erben nicht wissen, daß es sich um eine Katze handelt. Keiner gibt zu, daß er seinen Wohltäter überhaupt nie gesehen hat. Später stellt sich heraus, daß die Erbschaft wertlos ist, nichts als Katzenspielzeug. Aber am Schluß wird entdeckt, daß die Alte einen Hundertdollarschein in jedem Spielzeug versteckte, und die Erben müssen im Müllhaufen wühlen, um zu ihrem Geld zu kommen. Die Moral der Geschichte, die den Zuhörer zum Lachen veranlassen soll, ist zunächst die billig-skeptische Weisheit, daß jeder bereit sei, ein wenig zu schwindeln, wenn er glaubt, daß es nicht herauskommen kann, und zugleich die Warnung, solchen Impulsen nicht nachzugeben, wie denn durchweg die moralistische Ideologie mit der Bereitschaft ihrer Anhänger rechnet, über die Stränge zu schlagen, sobald man nur den Rücken wendet. Verborgen darunter jedoch ist der Hohn auf den universalen Tagtraum von der unerwarteten großen Erbschaft. Man soll, so will es die Ideologie, realistisch sein; wer sich aufs Träumen verlegt, macht sich als Faulpelz, Taugenichts und Schwindler verdächtig. Daß diese Botschaft nicht, wie das apologetische Argument lautet, in die Posse ‚hineinkonstruiert' ist, zeigt sich daran, daß Analoges immer wieder sich findet; in einem Wildwestspiel etwa sagt einmal einer: wo es um eine große Erbschaft geht, sind Schurkenstreiche nie weit.

Solche synthetische Vielschichtigkeit funktioniert nur im festen Bezugssystem. Wenn ein Fernsehsketsch *Dantes Inferno* heißt; wenn das erste Bild in einem Nachtlokal dieses Namens spielt, wo ein Mann im Hut an der Bar sitzt und etwas entfernt von ihm eine hohläugige, übertrieben geschminkte Frau mit hoch übereinander geschlagenen Beinen, die sich noch einen doppelten Cocktail bestellt, so weiß der Gewohnheitsfernseher, daß er bald auf einen Mord hoffen darf. Kennte er nichts als *Dantes Inferno*, so wäre er vielleicht zu überraschen; so aber sieht er das Spiel in dem Schema ‚Kriminaldrama', in dem für besonders abscheuliche Gewalttaten gesorgt ist. Die Frau auf dem Barstuhl wird zwar vermutlich nicht die Hauptverbrecherin sein, aber ihres degagierten Lebenswandels wegen doch dran glauben müssen; der Held, der noch gar nicht auftrat, wird aus einer Situation gerettet werden, aus der es nach menschlicher Vernunft keinerlei Ausweg gibt. Von den gewitzigten Zuschauern werden solche Vorstellungen gewiß nicht direkt auf den Alltag übertragen, aber sie werden doch dazu angehalten, ihre Erfahrungen ähnlich starr und mechanisch einzurichten. Sie lernen, Verbrechen sei normal. Dazu trägt bei, daß die Zehnpfennigromantik geheimnisvoller Untaten sich verbindet mit der pedantischen Nachahmung aller Requisiten des äußeren Lebens; wiche nur der Vorgang des Wählens einer Telefonnummer von dem tatsächlich geübten ab, so empfinge die Station entrüstete Briefe aus dem Publikum, das doch bereit ist, die Fiktion, an jeder Ecke laure ein Mörder, mit Behagen sich gefallen zu lassen. Der Pseudorealismus, den das Schema vorsieht, erfüllt das empirische Leben mit einem falschen Sinn, dessen Trug der Zuschauer schwer durchschauen kann, weil das Nachtlokal genau so aussieht wie das dem Zuschauer bekannte. Solcher Pseudorealismus reicht bis ins geringfügigste Detail und verdirbt es. Noch das Zufällige, scheinbar vom Schema nicht Ergriffene trägt dessen Spur, indem es unter der abstrakten Kategorie ‚Zufälligkeit des Alltags' erfunden ist; nichts klingt verlogener, als wenn das Fernsehen posiert, Menschen so reden zu lassen, wie sie reden.

Von den Stereotypen, die innerhalb des Schemas operieren, ihre Macht der seinen verdanken und es zugleich bilden, seien einige willkürlich ausgewählt; sie bezeugen die Gesamtstruktur. Ein Spiel behandelt einen faschistischen Diktator, halb Mussolini, halb Perón, im Augenblick seines Zusammenbruchs. Ob dieser einem Volksaufstand oder einer Militärrevolte zuzuschreiben ist, wird so wenig von der Handlung berührt wie irgendein anderer gesellschaftlicher oder politischer Sachverhalt. Alles ist privat, der Diktator nichts als ein tölpelhafter Schuft, der seinen Sekretär und seine plump idealisierte Frau mißhandelt; sein Gegner, ein General, der frühere Liebhaber der Frau, die jedoch trotz allem loyal zu ihrem Gatten hält. Schließlich zwingt dessen Brutalität sie zur Flucht, und der General rettet sie. Der fruchtbare Moment des Schauerdramas ist der, daß die Garde, die den Diktator in seinem Palast bewacht, ihn im Stich läßt, sobald die prächtige Frau nicht mehr bei ihm weilt. Nichts von der objektiven Dynamik der Diktaturen tritt ins Blickfeld. Erweckt wird der Eindruck, totalitäre Staaten seien die Folge der Charakterdefekte ehrgeiziger Politiker, und ihr Sturz sei der Noblesse derer zuzuschreiben, mit denen das Publikum sich identifiziert. Eine infantile Personalisierung der Politik wird betrieben. Wohl kann Politik auf dem Theater nur an Menschen behandelt werden. Dann müßte man aber darstellen, was totalitäre Systeme denen antun, die unter ihnen leben, anstatt daß man die Kitschpsychologie prominenter Helden und Bösewichter vor Augen stellt, vor deren Macht und Größe der Zuschauer Respekt haben soll, selbst wenn sie zum Lohn für ihre Taten untergehen.

Eine Lieblingsmaxime des Fernsehhumors ist, daß das hübsche Mädchen immer recht hat. Die Heldin einer überaus beliebten Schwankserie ist das, was Georg Legman eine bitch heroine genannt hat und was man wohl auf deutsch mit Biest zu übersetzen hätte. Sie benimmt sich zu ihrem Vater unbeschreiblich grausam und unmenschlich; ihr Verhalten wird gerade eben rationalisiert als ‚lustige Streiche'. Aber es passiert ihr nie etwas; und was den Hauptpersonen in den Spielen widerfährt, soll ja dem Kalkül zufolge von den Zuschauern als objektiver Richtspruch eingesogen werden. In einem anderen Spiel aus einer Serie, die angeblich das Publikum vor Betrügern warnen will, ist das hübsche Mädchen eine Verbrecherin. Nachdem sie aber dem Zuschauer in den Anfangsszenen einmal so gut gefallen hat, darf dieser nicht enttäuscht werden; zu einer schweren Zuchthausstrafe verurteilt, wird sie sogleich begnadigt und hat alle Aussicht, von ihrem Opfer geheiratet zu werden, zumal sie immerhin Gelegenheit fand, ihre sexuelle Reinheit strahlend zu bewähren. Stücke solchen Schlages dienen fraglos dazu, eine parasitäre Haltung als sozial anerkannt zu verstärken; es wird eine Prämie auf das gesetzt, was die Psychoanalyse oralen Charakter nennt, die Mischung aus Abhängigkeit und Aggressivität.

Keineswegs ist die psychoanalytische Interpretation kultureller Stereotypen zu weit hergeholt: die Kurzdramen selber kokettieren, der Konjunktur gehorchend, mit der Psychoanalyse. Manchmal kommen die von dieser unterstellten latenten Motive an die Oberfläche. Besonders weit verbreitet ist das Stereotyp des Künstlers als eines abnormen, lebensunfähigen und etwas lächerlichen Schwächlings oder seelischen Krüppels. Die ausgespitzte Volkskunst von heutzutage macht sich das zu eigen; sie verherrlicht den starken Mann, ihr Bild vom Tatmenschen, und läßt durchblicken, Künstler seien eigentlich homosexuell. In einer Posse kommt ein Jüngling vor, der nicht nur die allbeliebte Maske des Trottels zu tragen hat, sondern überdies ein Dichter sein soll, scheu und, wie es in jenem Jargon heißt, ‚introvertiert'. Er ist verliebt in ein mannstolles Mädchen, aber zu schüchtern, um auf ihre Avancen einzugehen. Nach einem Lieblingsprinzip der Kulturindustrie sind die Rollen der Geschlechter vertauscht, das Mädchen aktiv, der Mann in Abwehr. Die Heldin des Stücks, natürlich eine andere als die Mannstolle, erzählt ihrem Freund von der Verliebtheit des trottelhaften Dichters. Auf die Frage »in wen« antwortet sie: »Natürlich in ein Mädchen«, und ihr

Freund sagt darauf: »Wieso natürlich? Das letzte Mal war er in eine Schildkröte verliebt, und die hieß Sam.« Die Kulturindustrie vergißt ihren Moralismus, sobald sie Gelegenheit hat, zweideutige Witze über das von ihr selbst geschaffene Bild des Intellektuellen zu reißen. Bei unzähligen Gelegenheiten biedert sich das Schema des Fernsehens dem internationalen Klima des Anti-Intellektualismus an. Aber die Perversion der Wahrheit, die ideologische Steuerung, beschränkt sich keineswegs bloß aufs Bereich des unverantwortlich Harmlosen oder des zynisch Abgefeimten. Die Krankheit steckt nicht in bösartigen Individuen sondern im System. Darum frißt sie auch an, was sich, soweit es erlaubt wird, höhere Ambitionen setzt und anständig sein will. Ein ernsthaft gemeintes Manuskript porträtiert eine Schauspielerin. Die Handlung versucht vorzuführen, wie die berühmte und erfolgreiche junge Frau von ihrem Narzißmus geheilt, zu einem realen Menschen gemacht wird und lernt, was sie nicht konnte: zu lieben. Dazu wird sie durch einen jungen – ausnahmsweise sympathisch gedachten – Intellektuellen, einen Dramatiker gebracht, der sie selbst liebt. Er schreibt ein Stück, in dem sie die Hauptrolle spielt, und ihre innere Auseinandersetzung mit dieser Rolle soll eine Art von Psychotherapie an ihr zuwege bringen, ihren Charakter ändern und die psychologischen Hindernisse zwischen den beiden beseitigen. In der Rolle lebt sie sowohl ihre an der Oberfläche liegende Gehässigkeit aus wie schließlich auch die edlen Impulse, die der Absicht des Stücks zufolge latent in ihr gegenwärtig sind. Während sie nach dem Modell der *success story* einen triumphalen Erfolg erringt, hat sie Konflikte mit dem Dramatiker, der als Amateur-Psychoanalytiker fungiert, etwa so wie sonst Amateur-Detektive eingreifen. Die Konflikte werden verursacht von ihrem psychologischen ‚Widerstand'. Zum heftigen Zusammenstoß kommt es nach der Premiere, wenn die von sich selbst betrunkene

Schauspielerin ihren Freunden eine hysterisch-exhibitionistische Szene aufführt. – Sie läßt ihre kleine Tochter in einem Internat erziehen, weil es für ihre Karriere schädlich sein könnte, wenn man erführe, daß sie ein größeres Kind hat. Das Mädchen möchte zu seiner Mutter und fühlt heraus, daß diese es nicht wünschte. Es läuft von der Schule weg und rudert auf den stürmischen Ozean hinaus. Heldin und Dramatiker eilen zu ihrer Rettung herbei. Wieder benimmt sich die Schauspielerin rücksichtslos und egozentrisch. Der Dramatiker bändigt sie. Das Mädchen wird von wackeren Seeleuten gerettet, die Heldin bricht zusammen, gibt ihren Widerstand auf und beschließt zu lieben. Am Ende bekommt sie ihren Dramatiker und legt eine Art von allgemeinem religiösem Bekenntnis ab.

Der Pseudorealismus des Spiels ist nicht so einfacher Art, daß Konterbande wie die Selbstverständlichkeit des Verbrechens ins Bewußtsein des Publikums geschmuggelt würde. Pseudorealistisch ist vielmehr die inwendige Konstruktion der Handlung. Der psychologische Prozeß, der vor Augen gestellt wird, ist erschwindelt – *phony*, mit einem Wort, für das es schlechterdings kein deutsches Äquivalent gibt. Psychoanalyse, oder um welchen Typus von Psychotherapie es sich auch handeln mag, wird in einer Weise verkürzt und dingfest gemacht, die nicht nur der Praxis jeden derartigen Verfahrens Hohn spricht, sondern dessen Sinn ins Gegenteil verkehrt. Die dramaturgische Notwendigkeit, langausgesponnene psychodynamische Vorgänge in eine halbe Stunde zusammenzudrängen, auf welche die Produzenten sich herausreden könnten, harmoniert nur allzu gründlich mit der ideologischen Verzerrung, deren das Stück sich befleißigt. Vorgeblich tief reichende Veränderungen im Individuum und eine nach dem Modell des Verhältnisses von Arzt und Patienten gebildete Beziehung werden auf rationalistische Formeln gebracht und von simplen, eindeutigen Aktionen illustriert.

Mit allerhand Charakterzügen wird herumgewürfelt, ohne daß das Entscheidende, der unbewußte Ursprung jener Charakterzüge, überhaupt aufkäme. Die Heldin, der ‚Patient', ist sich von Anbeginn über sich selbst klar. Solche Verlagerung an die Oberfläche macht alles Psychologische, das da vorgehen soll, zum Kinderspott. Zentrale Veränderungen in Menschen sehen aus, als brauchte nur jemand seinen ‚Problemen' gegenüberzutreten und der besseren Einsicht seiner Helfer zu vertrauen, und alles werde gut. Dicht unter der psychologischen Routine und dem ‚Psychodrama' lauert unverändert die schlechte alte Idee von der Zähmung der Widerspenstigen: daß ein liebesfähiger und starker Mann die launische Unberechenbarkeit einer unreifen Frau überwindet. Der tiefenpsychologische Gestus taugt nur dazu, abgestandene patriarchalische Anschauungen Betrachtern schmackhaft zu machen, die unterdessen von Komplexen etwas haben läuten hören. Anstatt daß die Psychologie der Heldin konkret sich manifestierte, schwatzen die beiden Hauptfiguren selber über Psychologie. Diese wird, in schreiendem Widerspruch zu aller neueren Einsicht, ins bewußte Ich verlegt. Nichts von den Schwierigkeiten, mit denen ein ‚phallischer Charakter' von der Art jener Schauspielerin im Ernst zu tun hat, wird berührt. So verbiegt das Spiel das Bild der Psychologie im Betrachter. Er wird das genaue Gegenteil ihrer Intention erwarten, und die ohnehin weit verbreitete Feindschaft gegen eingreifende Selbstbesinnung wird sich verstärken.
Insbesondere der Freudsche Gedanke von der ‚Übertragung' ist pervertiert. Der Amateur-Analytiker muß der Liebhaber der Heldin sein. Seine pseudorealistisch der analytischen Technik nachgeahmte Distanziertheit wird verschmolzen mit jenem vulgären Stereotyp der Kulturindustrie, dem zufolge der Mann sich gegen die Verführungskünste der Frau stets zu wehren hat und sie erobert nur, indem er sie verwirft. Der Psychotherapeut ähnelt

dem Hypnotiseur, die Heldin dem Cliché vom ‚gespaltenen Ich'. Einmal ist sie ein edler, liebevoller Mensch, der nur wegen irgendwelcher trauriger Erfahrungen die eigenen Gefühle unterdrückt, ein anderes Mal ein in sich selbst verliebtes, prätentiöses Weibchen, das seine Capricen doch viel zu sehr übertreibt, als daß man nicht von Anbeginn wüßte, welch prächtiger Kern da zum Vorschein kommen wird. Kein Wunder, daß unter solchen Bedingungen die Heilung schnell vonstatten geht. Kaum beginnt die Heldin die Rolle jener selbstlosen Frau zu spielen, mit der sie sich identifizieren soll, um ihr sogenanntes besseres Ich zu finden, und schon stellen ihre Freunde fest, daß etwas mit ihr vorgeht, daß sie in der Beziehung zur Rolle sich selbst wandelt. Umständliche Erinnerungen an die Kindheit sind da überflüssig. Während das Stück durchblicken läßt, auf wie vertrautem Fuß es mit den jüngsten Errungenschaften der Seelenkunde steht, schaltet es mit völlig starren, statischen Begriffen. Die Menschen sind, was sie sind, und die Veränderungen, die sie durchmachen, bringen lediglich heraus, was, als ihre ‚Natur', ohnehin in ihnen steckt. Damit tritt die verborgene Botschaft des Spiels in Gegensatz zur offenbaren. Nach außen bemüht es psychodynamische Vorstellungen; in Wahrheit lehrt es eine konventionelle Schwarz-Weiß-Psychologie, nach deren Ansicht Charaktere ein für alle Mal gegeben sind, wie physische Merkmale sich nicht verändern, sondern einzig allenfalls enthüllt werden.

Das ist aber keine bloße wissenschaftliche Fehlinformation, sondern betrifft die Substanz des Stücks. Denn die Natur der Heldin, die herauskommen soll, indem sie durch die Rolle sich ihrer selbst bewußt wird, ist nichts anderes als ihr *Gewissen.* Wenn die Psychologie das Über-Ich als Reaktionsbildung auf verdrängte Impulse des Es, des Sexus, darstellt, so wird hier das Es, also die in einer Szene grell illustrierte Triebhaftigkeit der Heldin, zum Außenphänomen und das Über-Ich zum Verdrängten. Man mag zugestehen, daß es psychologisch dergleichen wirklich gibt: Ambivalenz zwischen triebhaftem und Zwangscharakter. Aber von Ambivalenz ist im Stück nicht die Rede. Es hält sich an die sentimentale Vorstellung eines Menschen, der von Herzen gut ist, aber sein zartes Inneres unter einem egoistischen Panzer versteckt. In der scène à faire, in der die beiden Egos der Heldin, die in den Spiegel schaut, miteinander streiten, wird ihr Unbewußtes grob gleichgesetzt der konventionellen Ethik und der Unterdrückung ihrer Instinkte, anstatt daß die Instinkte selbst durchbrächen. Nur ihr Bewußtes will exzedieren. So wird ‚umgekehrte Psychoanalyse' im wörtlichen Sinn betrieben: das Spiel verherrlicht eben die Abwehrmechanismen, auf deren Durchleuchtung es jene Prozesse abgesehen haben, die es vorzuführen beansprucht. Dadurch verändert sich die Botschaft. Anscheinend werden dem Zuhörer Lehren erteilt, wie daß er lieben solle, unbekümmert um die Frage, ob sich das lehren läßt – und daß er nicht materialistisch denken solle, während seit Fontanes Frau Jenny Treibel die Menschen, welche hemmungslos Ideale im Munde führen, die gleichen sind, denen Geld wichtiger ist als alles andere. In Wahrheit aber wird in den Zuschauer etwas ganz anderes hineingehämmert als jene zwar banalen und fragwürdigen, aber einigermaßen harmlosen Ansichten. Das Stück läuft auf die Verleumdung von Individualität und Autonomie hinaus. Man soll sich ‚ergeben', und zwar weniger der Liebe als dem Respekt für das, was die Gesellschaft nach ihren Spielregeln erwartet. Als Hauptsünde wird der Heldin angekreidet, daß sie sie selbst sein möchte: so spricht sie es selber aus. Eben das soll nicht sein: sie wird mores gelehrt, ‚gebrochen', wie man ein Pferd zureitet. Was ihr Erzieher, in seiner großen Tirade gegen den Materialismus, als Stärkstes ihr entgegenschleudert, ist bezeichnend genug der Begriff der *Macht*. Er preist ihr die

»Notwendigkeit geistiger Werte in einer materialistischen Welt«, aber er findet für diese »Werte« keinen passenderen Ausdruck als daß es eine Macht gäbe, »größer als wir und unser kleinlicher, selbstsicherer Ehrgeiz«. Von allen im Stück verhandelten Ideen ist die der Macht die einzige, die sich konkretisiert: als brutale physische Gewalt. Wenn die Heldin, um ihr Kind zu retten, in ein Boot springen will, wird sie von ihrem lieben Seelenarzt geohrfeigt, im Sinn jener Eisenbart-Tradition, die Hysterikerinnen zu kurieren beansprucht, indem man ihnen die Mucken austreibt, weil ja doch alles nur Einbildung sei. Die Heldin beteuert denn auch am Ende unterwürfig, von jetzt an sich bessern und glauben zu wollen. Das ist der Beweis ihrer Wandlung.

Nichts widerwärtiger, als daß im Namen kruder Autorität Religion in das Spiel hineingezogen und propagiert wird. Die Kur der Heldin soll sie zugleich von der Scheinwelt des Theaters zur Wirklichkeit bekehren; wahrscheinlich hat die Autorin etwas von religiösem Existentialismus, von Kierkegaards Unterscheidung der ästhetischen und ethischen Sphäre aufgeschnappt. Aber in ihren Händen sinkt all das Kulturgut der Oberschicht herab. Sie nivelliert die Kontroverse zwischen dem Ethiker und der Künstlerin darauf, daß diese, ganz vernünftig, sich auf ihr Metier beruft und darauf, daß sie eben spiele und nicht die dargestellte Person wirklich sei; und dafür erhält sie eine schlechte Note. Der Theologe Kierkegaard aber hat in dem bedeutenden Essay über die Schauspielerin gerade das Gegenteil entfaltet: daß nur eine reife Frau ein junges Mädchen spielen könne, eben weil sie nicht der Personifizierten gliche. Während das Stück mit frommem Augenaufschlag schließt, zieht es Religion selber in den Kreis des Konformismus und der Konvention hinein. Die Schauspielerin lernt ihre religiösen Gefühle an der Rettung ihres Töchterchens, etwa nach dem Sprichwort, daß es im Trommelfeuer keine Atheisten gäbe. Schließlich zersetzt das Spiel die eigene Botschaft. Nicht nur vermischt es trüb psychologische Halbbildung mit dem Lob der Demut. Sondern die Aufforderung zum Glauben am Ende verwandelt diesen in ein Mittel zu psychologischen Zwecken. Der Zuschauer wird zur Religion ermuntert, weil sie gesund für ihn sei; hat man einmal einen Glauben an ‚etwas', so braucht man sich nicht mehr mit Narzißmus und Hysterie herumzuquälen. In der Tat wird in dem Stück von einer als Repräsentantin der Religion positiv gezeichneten Figur in einer Art Predigt gesagt, daß man »glücklich« werde, wenn man aufhöre, nach dem Glück in einem selbst und für einen selbst zu suchen. Weltliches Glücksgefühl wird zur Rechtfertigung des transzendenten Glaubens. Man hätte Kierkegaards Stimme zu solcher Theologie hören mögen. Hygienische Reklame für Religion ist blasphemisch.

So kraß in derlei Produkten das Schlechte und Gefälschte obenauf liegt, so wenig läßt sich doch vermeiden, auf sie einzugehen und sie gegen ihren eigenen Willen ernst zu nehmen. Denn daß nichts von ihren Erzeugnissen ernst, alles bloß Ware und Unterhaltung sei, schreckt die Kulturindustrie nicht. Sie hat daraus längst ein Stück der eigenen Ideologie gemacht. Unter den analysierten Manuskripten finden sich nicht wenige, die mit dem Bewußtsein spielen, Kitsch zu sein, und dem unnaiveren Betrachter zublinzeln, sie glaubten sich selber nicht, sie seien nicht so dumm; ihn gewissermaßen ins Vertrauen ziehen, indem sie seiner intellektuellen Eitelkeit schmeicheln. Aber eine Schandtat wird dadurch nicht besser, daß sie sich als solche deklariert, und so muß man schon dem Unfug die Ehre antun, die er sich selbst verweigert, und ihn bei dem Wort nehmen, das in die Zuhörer einsickert. Dabei ist keine Gefahr, daß man die herausgegriffenen Exempel allzusehr belastet, denn ein jedes ist pars pro toto und erlaubt nicht nur, sondern erzwingt den Rückschluß aufs System. Angesichts von dessen Allmacht haben detaillierte Besserungsvorschläge zunächst etwas Argloses. Die Ideologie ist so glücklich mit dem Eigengewicht der Apparatur verschmolzen, daß jede Anregung als weltfremd, technisch unerfahren und unpraktisch mit den vernünftigsten Worten niedergeschlagen werden kann: der Schwachsinn des Ganzen setzt sich aus lauter gesundem Menschenverstand zusammen. Man soll überhaupt die Möglichkeiten der Remedur durch guten Willen nicht überschätzen. Die Kulturindustrie ist zu gründlich mit mächtigeren Interessen verfilzt, als daß selbst die redlichsten Anstrengungen in ihrem Sektor allein allzu weit führen könnten. Mit einem unerschöpflichen Arsenal von Gründen vermag sie das Offenbare zu rechtfertigen oder wegzudisputieren. Das Gefälschte und Schlechte zieht magnetisch seine Verteidiger an, und noch die Subalternsten werden scharfsinnig weit über ihre geistigen Verhältnisse hinaus, wenn sie Argumente suchen für das, wovon sie im Innersten selber wissen, wie unwahr es ist. Die Ideologie erzeugt ihre eigenen Ideologen, die Diskussion, die Gesichtspunkte: so hat sie eine gute Chance, sich am Leben zu erhalten. Aber man soll sich auch nicht in den Defaitismus treiben und von jener versierten Forderung nach dem Positiven terrorisieren lassen, die doch meist nur die Veränderung des Zustands hintertreiben will. Zunächst ist es viel wichtiger, Phänomene wie den ideologischen Charakter des Fernsehens bewußt zu machen, und zwar keineswegs bloß denen, die auf der Produktionsseite sich befinden, sondern auch dem Publikum. Gerade in Deutschland, wo nicht wirtschaftliche Interessen unmittelbar die Sendungen kontrollieren, ist von Versuchen zur Aufklärung einiges zu erhoffen. Wenn die Ideologie, die sich ja einer recht bescheidenen Anzahl immer wiederholter Ideen und Tricks bedient, niedriger gehängt würde, könnte ein öffentlicher Widerwille dagegen sich bilden, an der Nase herumgeführt zu werden, wie sehr auch die gesamtgesellschaftlich erzeugten Dispositionen ungezählter Hörer der Ideologie entgegenkommen mögen. Es ließe sich eine Art von Impfung des Publikums gegen die vom Fernsehen verbreitete Ideologie und die ihr verwandten denken. Das setzte freilich viel weiter gespannte Untersuchungen voraus. Sie müßten sozialpsychologische Normen der Produktion auskristallisieren. Anstatt wie meist die Organe der Selbstkontrolle nach Kraftworten und Anstößigkeit zu fahnden, müßten die Produzierenden darüber wachen, daß jene Anschläge und Stereotypen ausgeschaltet werden, die, nach dem Urteil eines Gremiums verantwortungsvoller und unabhängiger Soziologen, Psychologen und Erzieher, in der Verdummung, psychologischen Verkrüppelung und ideologischen Umnebelung des Publikums terminieren. Das Bemühen um solche Normen ist darum nicht so utopisch, wie es auf den ersten Blick erscheint, weil Fernsehen als Ideologie nicht Sache des bösen Willens, vielleicht nicht einmal der Inkompetenz der Beteiligten ist, sondern vom objektiven Ungeist erzwungen wird. Mit ungezählten Mechanismen erreicht er die Produzierenden. Eine sehr große Zahl von ihnen erkennt, wenn nicht stets in theoretischen Begriffen, so jedenfalls doch mit den ästhetischen Nerven, wie verrottet das ist, was sie herstellen müssen, und fügt sich einzig unter ökonomischem Druck; im allgemeinen ist der Widerwille um so größer, je näher man den Schriftstellern, Regisseuren, Schauspielern kommt, und nur das Geschäft und seine Lakaien proklamieren die menschliche Rücksicht auf die Kundschaft. Wird von einer Wissenschaft, die sich nicht dumm machen und mit administrativen Erhebungen abspeisen läßt, sondern in die Erforschung der Ideologie selbst eintritt, den gegängelten Künstlern der Rücken gestärkt, so hätten diese auch ihren Chefs und Kontrolleuren gegenüber einen besseren Stand. Daß die sozialpsychologischen Normen nicht etwa vorschreiben dürften, was nun das Fernsehen zu tun habe, versteht sich von selbst. Wie allerorten aber wäre der Kanon des Negativen nicht weit vom Positiven.

Sexualtabus und Recht heute

Der Theoretiker, der heute in praktische Kontroversen eingreift, erfährt regelmäßig und beschämend, daß, was er an Gedanken etwa beizubringen hat, längst gesagt ward und meist besser beim ersten Mal. Nicht nur ist die Menge des Geschriebenen und Publizierten ins Ungemessene angewachsen: die Gesellschaft selbst scheint, trotz allem expansiven Wesen, auch im Überbau, in Recht und Politik, vielfach auf ältere Stufen sich zurückzubilden. Das nötigt peinlich dazu, altvertraute Argumente aufzuwärmen. Noch dem kritischen Gedanken droht Ansteckung an dem, was er kritisiert. Er muß sich von den konkreten Gestalten des Bewußtseins leiten lassen, gegen die er angeht, und wiederkäuen, was sie vergaßen. Der Gedanke ist nicht rein bei sich selber; zumal der praktische so sehr gekettet an den geschichtlichen Augenblick, daß er im Zeitalter der Regression abstrakt und falsch würde, wenn er dieser gegenüber unentwegt aus dem eigenen Elan heraus sich fortbewegen wollte. Das allein ist die bittere Wahrheit am Wort vom Denker in dürftiger Zeit; was er zustandebringt, hängt daran, daß er sogar das Moment der ihm aufgedrungenen Rückbildung aktiviert, indem er es bewußt macht. Zumal den sexuellen Tabus gegenüber ist es schwer, irgend etwas mit der Intention von Aufklärung zu formulieren, was nicht längst, zuletzt noch in der Ära der angeblichen Frauenemanzipation, erkannt und dann wieder verdrängt worden wäre. Die Einsichten Freuds über die infantile Sexualität und die Partialtriebe, welche der überlieferten Sexualmoral die letzte Legitimation entzogen, gelten unvermindert auch in einem Zeitalter, welches die Tiefenpsychologie entschärfen möchte; und was Karl Kraus in seinem unvergleichlichen Frühwerk ›Sittlichkeit und

Kriminalität‹ schrieb – bis heute fehlt die freilich angekündigte Neuausgabe –, ist weder an Stringenz noch an Autorität zu überbieten. Die Situation trägt selber zur Konservierung des Veralteten und damit erst ganz Bösen bei: man wiederhole nur Allbekanntes, als ob es dadurch bereits widerlegt wäre. Die zweite Aufklärung aber, die man heute gegen die erste ausspielt, läuft, nach Enzensbergers Einsicht, bloß auf die Abschaffung der ersten hinaus.

Die Sabotage an der Aufklärung im Namen ihres Veraltens holt sich ihre Vorwände aber auch am Gegenstand. Die Rede über Sexualtabus klingt anachronistisch in Jahren, da jedes materiell von den Eltern einigermaßen unabhängige Mädchen seinen Freund hat; in denen die mit Reklame fusionierten Massenmedien, zur Wut ihrer restaurativen Gegner, unablässig sexuell aufreizen, und in denen, was amerikanisch a healthy sex life heißt, sozusagen zur physischen und psychischen Hygiene gehört. Ihr ist, nach der hübschen Formulierung der Soziologen Wolfenstein und Leites, bereits eine Art Moral des Vergnügens, *fun morality*, zugeordnet. All dem gegenüber nehmen Vorschläge zur Reform der Sexualgesetzgebung prima vista etwas ehrwürdig Suffragettenhaftes an. Darauf können dann die Hüter von Ordnung schlechthin mit einer billigen Ironie hinweisen, die selten versagt. Die Menschen haben doch ihre Freiheit, sie tun ohnehin, was sie wollen, nur Verbrechen sollen vom Gesetz verhindert werden – wozu eigentlich Reformen?

Nichts anderes ist darauf zu antworten, als daß die Befreiung des Sexus in der gegenwärtigen Gesellschaft bloßer Schein sei. Ereignet hat sich mit ihm, wofür anderweitig die Soziologie ihren Lieblingsausdruck Integration verwendet; so wie die bürgerliche Gesellschaft der Drohung durchs Proletariat Herr wurde, indem sie es eingliederte. Die rationale Gesellschaft, die auf Beherrschung der inneren und äußeren Natur beruht und das diffuse, der Arbeitsmoral und dem herrschaftlichen Prinzip selber abträgliche Lustprinzip bändigt, bedarf nicht länger des patriarchalischen Gebots von Enthaltsamkeit, Jungfräulichkeit, Keuschheit. Sondern der an- und abgestellte, gesteuerte und in ungezählten Formen von der materiellen und kulturellen Industrie ausgebeutete Sexus wird, im Einklang mit seiner Manipulation, von der Gesellschaft geschluckt, institutionalisiert, verwaltet. Als gezügelter ist er geduldet. Ehedem hat die Gesellschaft kraft der sakramentalen Ehe mit ihm sich abgefunden; heute nimmt sie ihn, ohne Zwischeninstanzen wie die Kirche, vielfach auch ohne staatliche Legitimation, unmittelbar in Regie. Dadurch aber hat der Sexus sich verändert. Hob Freud bei seinem Versuch, das spezifisch Sexuelle zu beschreiben, das Moment des Unanständigen – und das will sagen, des gesellschaftlich Anstößigen – hervor, so ist dies Moment einerseits geschwunden, andererseits erst recht perhorresziert. Das verrät nicht viel weniger als eine Desexualisierung des Sexus selbst. Die eingefangene oder mit schmunzelnder Nachsicht zugelassene Lust ist keine mehr; Psychoanalytiker hätten es nicht schwer nachzuweisen, daß in dem gesamten monopolistisch kontrollierten und standardisierten Sexualbetrieb, mit den Schnittmustern der Filmstars, Vor- und Ersatzlust die Lust überflügelt haben. Die Neutralisierung des Sexus, die man am Verschwinden der großen Passion beschrieben hat, verfärbt ihn noch dort, wo er sich ungescheut zu befriedigen wähnt.

Daraus ist jedoch – und die zeitgemäßen Neurosen dürften das bestätigen – zu schließen, daß die Sexualtabus in Wahrheit nicht fielen. Einzig eine neue, tiefere Form von Verdrängung ist erreicht, mit all ihrem zerstörerischen Potential. Während der Sexus eingegliedert ward, bleibt, was an ihm nicht sich eingliedern läßt, das eigentlich sexuelle Aroma, der Gesellschaft verhaßt. Hat es seine Richtigkeit damit, daß das im spezifischen Sinn Sexuelle eo ipso das

Verbotene sei, so weiß dies Verbot sich zu behaupten auch in den gebilligten Manifestationen des Sexus. Kaum anderswo als in der Zone des stets noch Verfemten dürfte sich soviel vom verborgenen Unwesen offenbaren. Sexuelle Freiheit ist in einer unfreien Gesellschaft so wenig wie irgendeine andere zu denken. Der Sexus wird als sex, gleichsam eine Variante des Sports, entgiftet; was daran anders ist, bleibt ein allergischer Punkt.

Das nötigt dazu, trotz allem, abermals mit Sexualtabus und Sexualrecht sich zu befassen, nicht bloß aus vermutlich ohnmächtiger Solidarität mit den Opfern, sondern auch im Gedanken daran, was die mit der Integration steigende Verdrängung anrichten mag. Sie dürfte permanent das Reservoir autoritätsgebundener Charaktere speisen, die bereit sind, totalitären Regierungen welcher Spielart auch immer nachzulaufen. Eines der handgreiflichsten Ergebnisse der ›Authoritarian Personality‹ war, daß Personen von jener Charakterstruktur, die sie als totalitäre Gefolgsleute prädisponiert, in besonderem Maß von Verfolgungsphantasien gegen das nach ihrer Ansicht sexuell Abwegige, überhaupt von wilden sexuellen Vorstellungen geplagt werden, die sie von sich selbst abweisen und auf Außengruppen projizieren. Die deutschen Sexualtabus fallen in jenes ideologische und psychologische Syndrom des Vorurteils, das dem Nationalsozialismus die Massenbasis zu verschaffen half und das in einer dem manifesten Inhalt nach entpolitisierten Form fortlebt. Zu ihrer Stunde könnte sie auch politisch sich konkretisieren. Systemimmanent und unauffällig zugleich, ist sie heute der Demokratie verderblicher als die neofaschistischen Bünde, die einstweilen weit weniger Resonanz finden, über weit geringere reale und psychische Ressourcen verfügen[1].

Die Psychoanalyse hat die Sexualtabus ebenso wie deren

1 Vgl. Text S. 126

Niederschlag im Recht, zumal im kriminologischen Bereich – erinnert sei bloß an die Arbeiten Aichhorns – untersucht, und was sie dabei zutage förderte, gilt nach wie vor. Aber einiges wäre dem hinzuzufügen, um die Sachverhalte in der jüngsten geschichtlichen Phase zu treffen. In Freuds Epoche standen sie im Zeichen vorkapitalistischer oder hochbürgerlicher Formen der Autorität, des Patriarchalismus der Kleinfamilie, der Repression durch den Vater, ihrer Folge, des Zwangscharakters, und des ihm zugeordneten analen Syndroms. Gewiß bestätigt sich die gesellschaftliche These, daß der Überbau langsamer sich umwälzt als der Unterbau, auch psychologisch, an der von Freud hervorgehobenen, relativen Konstanz des Unbewußten. Tatsächlich ist die individuelle Psyche gegenüber der Vormacht der realen Gesellschaftsprozesse sekundär, wenn man will: Überbau. Unter den kollektiven Mächten, die anstelle der individuellen Vaterautorität getreten sind, west, wie Freud bereits in ‚Massenpsychologie und Ich-Analyse' konstatierte, die Vater-imago fort. Aber seitdem haben doch im gesellschaftlichen Autoritätsgefüge Veränderungen sich zugetragen, die zumindest die konkrete Gestalt der Sexualtabus affizieren. Die genitale Sexualität, gegen welche die traditionelle Kastrationsdrohung sich kehrt, ist nicht länger der Angriffspunkt. Die Lebensborn-Gestüte der SS, die Ermunterung der Mädchen zu temporären Beziehungen mit jenen, die sich selber zur Elite erklärt und als solche eingerichtet hatten, sind, wie viele Pionieruntaten des Dritten Reiches, bloß die extreme Vorwegnahme gesamtgesellschaftlicher Tendenzen. So wenig jedoch der SS-Staat das Reich der erotischen Freiheit war, so wenig ist es die Badestrand- und Campinglibertinage von heute, die übrigens in jedem Augenblick zurückgepfiffen werden kann auf den Stand dessen, was in der Sprache der Tabus gesunde Ansichten heißt. Anthropologische Züge wie der Konkretismus unter den Jungen, das

Verkümmern der Phantasie, das widerstandslose sich Einrichten auf übermächtig gegebene Bedingungen haben einen Aspekt, der zur neuen Gestalt der Sexualtabus recht genau stimmt.

Der Freudschen Theorie zufolge ist die zivilisatorisch approbierte und herrschende Form der Sexualität, die genitale, nicht, als was sie so gern sich verkennt, ursprünglich, sondern Resultat einer Integration. In ihr schließen unterm Zwang gesellschaftlicher Anpassung die Partialtriebe des Kindes, über die Agentur der Familie, zu einem Einheitlichen und dem gesellschaftlichen Zweck der Fortpflanzung Günstigen sich zusammen. Daß es mit dieser Integration in der genitalen Sexualität seine prekäre Bewandtnis hat, ist Freud nicht entgangen, und er hat es, darin durchaus patriarchalischer Bürger, beklagt. Wahres erotisches Triebleben, die Beziehungen, in denen Lust sich realisiert, ist keineswegs jenes healthy sex life, das in den fortgeschrittensten industriellen Ländern heute alle Branchen der Wirtschaft, von der kosmetischen Industrie bis zur Psychotherapie, ermuntern. Vielmehr überlebt in der Genitalität die partiale Libido, die in jener sich zusammenfaßt. Jedes Glück entflammt an der Spannung beider. So wie die Partialtriebe, sofern sie nicht genital sich erfüllten, etwas Vergebliches behalten, als gehörten sie einem Stadium an, das Lust noch nicht kennt, so ist die von den als pervers geächteten Partialtrieben ganz gereinigte Genitalität arm, stumpf, gleichsam zum Punkt zusammengeschrumpft. Desexualisierung der Sexualität wäre wohl psychodynamisch zu verstehen als die Form des genitalen Sexus, in der dieser selber zur tabuierenden Macht wird und die Partialtriebe verscheucht oder ausrottet. Ein Stück sexueller Utopie ist es, nicht man selber zu sein, auch in der Geliebten nicht bloß sie selber zu lieben: Negation des Ichprinzips. Sie rüttelt an jener Invariante der im weitesten Sinn bürgerlichen Gesellschaft, die von je auf Integration aus war, der Forderung nach Identität. Zunächst war sie herzustellen, schließlich wäre sie wieder aufzuheben. Was bloß identisch ist mit sich, ist ohne Glück. In der genitalen Zentrierung aufs Ich und auf die in sich ebenso feste Andere, für die nicht umsonst der Titel Partnerin Mode wurde, steckt Narzißmus. Libidinöse Energie wird auf die Macht verschoben, die jene beherrscht und dadurch betrügt. Das von Freud betonte Unanständige jedoch haftet am Überschuß der Partialtriebe über die Genitalität, von dem diese Gewalt und Glanz empfängt. Die traditionellen gesellschaftlichen Tabus trafen beides in einem, Genitalität und Partialtriebe, obwohl wahrscheinlich doch die Spitze eigentlich mehr wider diese sich kehrte; das Werk Sades revoltierte dagegen. Mit der zunehmenden sozialen Bestätigung der Genitalität steigt der Druck gegen die Partialtriebe und gegen ihre Repräsentanten in genitalen Beziehungen. Als ihr Rest wird nur der sozialisierte Voyeurismus kultiviert, die Vorlust. Sie setzt die Betrachtung durch alle anstelle der Vereinigung mit Einer und drückt damit die Sozialisierungstendenz des Sexus aus, die selbst einen Aspekt seiner tödlichen Integration ausmacht. Die Prämie, welche die patriarchalische Gesellschaft auf den weiblichen Charakter, die passive, der eigenen Regung, womöglich dem eigenen Lustanspruch entwöhnte Fügsamkeit setzt, tut ein übriges zur Desexualisierung des Sexus. Ihn beschlagnahmt ein Ideal des Natürlichen, das unter einer Art von Freiluftkultur möglichst auf die pure Genitalität hinausläuft und gegen jedes Raffinement sich sträubt. Die Gestalt der Tabus inmitten formaler Freiheit wäre zu studieren; Modellen wie jener Natürlichkeit, ebenso aber auch den gleichwie in Gummi gehüllten Serienmustern des Sexus, dürfte dabei einige Wichtigkeit zufallen. In dem Klima, das die unterirdische Gewalt der Verbote mit der Lüge vermischt, sie wären außer Kraft gesetzt, gedeihen die Verfolgungen jüngsten

Stils. Wie – komplementär zur allenthalben offenbaren Ich-Schwäche, als psychologisch zugeeignete Unfähigkeit zur Abweichung von dem, was alle tun – die Partialtriebe seelisch und real, wenn nicht alles trügt, mehr denn je verdrängt werden, so werden sie auch gesellschaftlich behandelt; je weniger, anscheinend, unanständig sei, um so schlimmer die Rache an dem, was es trotz allem noch sein soll. Das hygienische Ideal ist rigoroser als das der Askese, die nie das bleiben wollte, was sie war. Die Tabus inmitten des Scheins von Freiheit lassen aber vor allem darum nicht mit sich spaßen, weil niemand mehr ganz an sie glaubt, während sie doch zugleich vom Unbewußten der Individuen und von den institutionellen Mächten befestigt werden. Allgemein werden repressive Vorstellungen um so grausamer, je mehr sie ausgehöhlt sind: sie müssen ihre Anwendung übertreiben, damit der Schrecken den Menschen einrede, was so stark ist, sei auch legitim. Die Hexenprozesse blühten, als der thomistische Universalismus zerfallen war. Ähnlich sind die exhibitionistischen Sündenbekenntnisse derer, die ihren Moralismus austoben, indem sie ihn mit dem Wort Aufrüstung assoziieren, so attraktiv für die Massen, weil der Begriff Sünde losgelöst vom theologischen Dogma keine Substanz mehr hat. Der spezifische Tabucharakter verstärkt sich dadurch. Waren die primitiven Tabus, motiviert vom Inzestverbot, unwiderstehlich, weil dessen verdrängende Gewalt jede Begründung ausschloß, so werden die Sexualtabus im Stand der zugleich totalen und verhinderten Aufklärung überstark, seitdem sie auch für die, welche ihnen gehorchen, keine raison d'être mehr haben. Das Verbot als solches saugt die Energien auf, die ihm einmal aus mittlerweile versiegten Quellen zuströmten. Die Lüge, die dem Tabu eingebrannt ist, wird selber zum Moment des Sadismus, der das auserwählte Opfer ereilt und ihm blinzelnd bedeutet, sein Schicksal verdanke es nicht dem Delikt sondern seiner wie immer auch zufälligen Andersheit, seiner Abweichung vom Kollektiv, seiner Zugehörigkeit zur gerade designierten Minorität. – Gleichwohl sind die Tabus heute, ihrem Inhalt nach, nicht neu sondern das Nachbild älterer. Diese, tief in den Schatz der Vorstellungen hinabgesunken, lassen von manipulierenden Mächten sich ausmünzen. Von oben her werden sie wieder erweckt. Noch ihre nachbildhafte Blässe dient der Repression: sie erlaubt es, die aufgespeicherte alte Entrüstung zeitgemäß auf alles Mögliche umzudirigieren, einigermaßen unbekümmert um seine Qualität: Andersheit als solche ist der erkorene Feind. Empirische Untersuchung hätte dem nachzugehen, wie halbvergessene und gesellschaftlich in gewissem Maß tatsächlich überholte Tabus sich mobilisieren lassen. Offen bleibt einstweilen, ob die Wut, deren die Demagogie der Sittlichkeit sich bedient, primär und unmittelbar die über erotische Versagungen ist. Denkbar, daß sie auf eine Gesamtverfassung des gegenwärtigen Lebens sich bezieht. Bei formaler Freiheit wird jedem Einzelnen die Verantwortung einer Autonomie aufgebürdet, die er schon anthropologisch kaum aufbringt, während durch das Mißverhältnis zwischen den übermächtigen Institutionen und dem winzigen Aktionsbereich des Einzelnen dieser auch objektiv unablässig sich überfordert und bedroht fühlt; eine Drohung, in der freilich die alte der Kastration, unkenntlich geworden, sich verbirgt. Die Erweckung der Tabus ist möglich dadurch, daß soziales Leiden – nach psychologischem Maß: das des Ichs – verdrängt und verschoben wird auf den Sexus, den alten Schmerz. Dadurch wird dieser, in äußerstem Widerspruch zur Oberfläche, gesellschaftlicher Nervenpunkt; die Sexualtabus sind gegenwärtig stärker als alle anderen, selbst die politischen, wären sie auch noch so emphatisch eingehämmert.

Die Öffentlichkeit hallt wider von sei's zustimmenden, sei's beklagenden Erklärungen über die gewandelte Sexualmoral. Sie sind sehr verwandt den kurrenten Thesen, daß es keine Ideologie mehr gebe, die gleichzeitig dem dumpfen Zynismus das gute Gewissen von Aufklärung verschaffen und jede über die existenten Bedingungen hinausweisende Vorstellung als anachronistisch verdächtigen. Daß jedoch all diesen Ansichten zum Trotz die Tabus nicht beseitigt sind, läßt sich ablesen an Formen des objektiven Geistes, an unausdrücklichen Spielregeln und Sitten, mehr noch in der Sphäre des Rechts. Allerorten werden die Prostituierten verfolgt, während sie einigermaßen ungeschoren waren in der Ära vorgeblich härterer sexueller Unterdrückung. Daß man nach gelungener Emanzipation der Huren nun nicht mehr bedürfe, ist ein verlogener und fadenscheiniger Vorwand. Den Zeloten stünde es am letzten an, ihre Maßnahmen mit eben jener Freiheit der Sitten zu begründen, die sie wieder abschaffen möchten. Die Technik der Razzien; die Schließung der Bordelle, welche die Prostitution erst zu dem Ärgernis erniedrigt, das man ihr vorwirft; der Eifer, der irgendwelche Viertel für besonders bedroht erklärt, um dann über das Überhandnehmen der Huren dort sich zu entrüsten, wohin sie flüchten müssen – wie die Juden sollen sie keine Bleibe haben –, all das bezeugt eine Gesinnung, die zwar über die Entwürdigung des Eros zetert, aber alles tut, um ihn noch einmal zu entwürdigen: zur Glücklosigkeit zu verurteilen. Die Prostituierte, Bild dessen, was Unerfahrenheit und Neid als Laster sich ausmalt, wird fraglos weithin mit dem Partialtrieb identifiziert. Sie liefere Perversität, im wunderlichsten Widerspruch zu der armseligen und versagenden Form des Erwerbs, zu welcher die Prostitution wurde in einer Glashausgesellschaft, die alle Schlupfwinkel ausräuchert. Man braucht keinerlei Illusionen zu hegen über den off limits-Bereich und wird doch die Huren, die mittlerweile so abscheulich geworden sind, wie der Neid der Gesellschaft sie sich wünscht und sie behandelt, als ahnungslose Repräsentanten einer anderen Möglichkeit des Sexus gegen die Schmach der Sittlichkeit verteidigen. Was diese an Argumenten vorbringt: der Schaden, den sie stifteten, der Anstoß, den sie erregten, ist nichtig; keiner brauchte sich bei ihnen aufzuhalten, der sie nicht sehen will, vollends nicht, wenn die Bordelle toleriert würden. Wem von den Jugendlichen, denen die Zeitungskioske gewidmet sind, der Anblick eines Straßenmädchens viel Neues bietet, ist ungewiß; das Unheil, das er anrichten könnte, fiktiv. Lächerlich und widerwärtig ein Quid pro quo wie jenes, das sich ereignete, als ein protestantischer Pfarrer in einem Großstadtquartier die Prostitution mit Predigten und Versammlungen auszurotten verhieß, anstatt sein Nachtleben auf die Abendmusiken zu beschränken, die ihm und seinesgleichen vorbestimmt sind und in denen er nach Herzenslust verdrängen kann; unerträglicher noch, daß dann die Zuhälter, anstatt ihrer Tradition gemäß zu pfeifen, ihm in die Wohnung schossen; eine ernsthafte Gefährdung der öffentlichen Sitten jedoch, daß am Ende die Polizei Erklärungen von sich gab, jene Schüsse hätten mit dem moralischen Kreuzzug nichts zu tun gehabt. In einer Gesellschaft, die auch nur entfernt so mündig wäre, wie ihre Verfassung es unterstellt, müßte die Publizität solche Vorkommnisse unmöglich machen; es sagt etwas über den Gesamtzustand, daß dergleichen geschieht und in der Presse breitgetreten wird, ohne daß einer der Komik gewahr wird. Freilich, tröstete man sich damit, daß eine zurückgebliebene und fanatisierte Minderheit ihren Willen lärmend der Mehrheit aufzwinge, so wäre das illusionär; die losgelassene Sittlichkeit könnte nicht auf den Strich gehen und jenes Ärgernis bereiten, das sie zu nehmen vorgibt, harmonierte nicht die Triebstruktur der Bevölkerung mit ihr. Daß in Deutschland, wo man tausendfachen Grund hätte, die Verfolgung wehrloser Gruppen zu scheuen, die der Prostituierten unentwegt weitergedeiht, ist unmißverständlich. Bleiben Morde an Prostituierten ungesühnt, so mag das in jedem Einzelfall plausibel zu entschuldigen sein; die Häufigkeit solcher ungeklärten Fälle jedoch sagt, verglichen etwa mit der Promptheit der Justiz bei Eigentumsdelikten, daß die gesellschaftliche Macht, wie immer auch unbewußt, denen den Tod wünscht, die für sie, fälschlich, die Lust verkörpern, die nicht sein soll[2]. Zur Prostituiertenjagd wird wahrscheinlich nicht trotz einem Zustand geblasen, in dem außereheliche Beziehungen zur Regel geworden sind, sondern gerade um dieses Zustands willen: die Frauen, die inmitten aller beruflichen Emanzipation immer noch ihr Surplus an gesellschaftlicher Last zu tragen haben, fühlen auch unter der stillschweigenden Duldung das Tabu, das sie in jedem Augenblick ereilen kann; etwa mit Hilfe des zu allem anderen auch noch absurd ausgeweiteten Kuppeleiparagraphen, oder wenn sie schwanger werden. Das brütet Rachsucht aus. Zu der trostlosen Dynamik dessen, was die Soziologie mit Vorliebe zwischenmenschliche Beziehungen nennt, zählt auch, daß die, auf welche Druck ausgeübt wird, suchen, den Druck auf andere, schwächere Gruppen zu transferieren, rational oder irrational das Odium weiterzugeben. Eine der dafür bevorzugten, durch Ohnmacht ausgezeichneten Gruppen ist die Prostitution. Sie hat nicht nur die Rancune der Männer über die offizielle Monogamie zu büßen, von der sie wiederum lebt, sondern obendrein auch die der Frauen, die, während sie oft widerwillig genug auf Verhältnisse sich einlassen, weil es nun einmal dazu

2 Zur Illustration dessen, wie die Lustfeindschaft in der Rechtsprechung sich niederschlug: die Formulierung des Begriffs Unzucht, die vom Reichsgericht stammt und vom Bundesgerichtshof übernommen ward. Nach dieser Rechtsprechung sind unter Unzucht alle Handlungen zu verstehen, die objektiv nach gesunder Anschauung das Scham- und Sittlichkeitsgefühl in geschlechtlicher Beziehung verletzen und subjektiv in wollüstiger Absicht vorgenommen werden.

gehört, immer noch dem nachtrauern, wozu die bürgerliche Gesellschaft seit Jahrhunderten sie dressierte, und insgeheim den nicht einmal unverständlichen Willen hegen, durch Heirat Sicherheit und Reputation zu erlangen. Am Nachleben der sexuellen Tabus bestätigt sich, daß Verfolgung nicht besser macht; weder die im Beruf bürgerlich eingegliederten Frauen, wofern ihnen im Privatleben bürgerliche Vorteile vorenthalten werden, noch die ausgestoßenen. Von allen bösen Wirkungen der zwielichtig-uneingestandenen sexuellen Unterdrückung ist das vielleicht die ärgste. Besonders auffällig ist sie bei jenem Typus von Homosexuellen, bei dem die Begeisterung fürs Virile mit der für Zucht und Ordnung sich paart, und der, mit der Ideologie des edlen Leibes, zur Hetze gegen andere Minoritäten, etwa die Intellektuellen, bereit ist.

Der abscheuliche Homosexuellenparagraph hat sich ins befreite Deutschland hinübergerettet. Die Milderung, welche es erlaubt, wenigstens minderjährige Inkulpaten straffrei zu lassen, wird leicht zum Geschenk an Erpresser. Gegen den Homosexuellenparagraphen ist eigentlich nicht zu argumentieren, sondern nur an die Schmach zu erinnern. Bloß auf einen weniger beachteten Aspekt der Verfemung der Homosexuellen sei hingewiesen, die ja als Menetekel zweckentfremdeter Sexualität wirken. Manche mögen sagen, die Homosexuellen blieben, solange sie nicht Minderjährige oder Abhängige mißbrauchten, in praxi doch weit unbehelligter als früher. Nun ist es widersinnig, daß ein Gesetz darum sich rechtfertige, weil es nicht, oder nur in geringem Maß, angewendet werde; was solche Denkschemata für die Rechtssicherheit und das Verhältnis der lebendigen Menschen zur legalen Ordnung involvieren, braucht nicht ausgemalt zu werden. Aber würde selbst wirklich den Homosexuellen weniger angetan, die Atmosphäre fortdauernder legaler Diskriminierung müßte sie unablässigem Angstdruck unterwerfen. Akzeptiert man aber die psychoanalytische Lehre, daß Homosexualität vielfach neurotisch, Produkt einer Entscheidung von Kindheitskonflikten sei, welche die sogenannte normale Auflösung des Ödipuskomplexes verhinderte, so wird, nach dem psychologischen Gesetz der Anlehnung, der gesellschaftlich-legale Druck, wäre es auch mittelbar, die Neurosen perpetuieren und verstärken. Unter den Homosexuellen dürften recht viel geistig Begabte sich finden; psychogenetisch wohl darum, weil sie kraft der extremen Identifikation mit der Mutter auch jene Züge verinnerlichten, welche die Mutter dem Vater, dem Vertreter praktischen Realitätssinns, entgegensetzte. Trügt meine Beobachtung nicht, so ist gerade unter den geistig begabten Homosexuellen besonders auffällig die psychologische Fesselung ihrer Produktivität, die Unfähigkeit, zustande zu bringen, was sie wohl vermöchten. Daran ist der permanente Angstdruck, und die gesellschaftliche Ächtung, die ebenso die Gesetzgebung inspiriert, wie durch sie verstärkt wird, doch wohl beteiligt. Durch den Homosexuellenparagraphen tendiert die Gesellschaft auch in der legalen Sphäre zum Gleichen wie in ungezählten anderen, zur Zerstörung geistiger Kräfte. Wo zumindest das soziale Tabu über der Homosexualität geringer ist, etwa in manchen aristokratisch geschlossenen Gesellschaften, scheinen die Homosexuellen weniger neurotisch, charakterologisch weniger deformiert zu sein als in Deutschland.

Das stärkste Tabu von allen jedoch ist im Augenblick jenes, dessen Stichwort ‚minderjährig' lautet und das schon sich austobte, als Freud die infantile Sexualität entdeckte. Das universale und begründete Schuldgefühl der Erwachsenenwelt kann, als seines Gegenbilds und Refugiums, dessen nicht entraten, was sie die Unschuld der Kinder nennen, und diese zu verteidigen, ist ihnen jedes Mittel recht. Allbekannt, daß Tabus um so stärker werden, je mehr der ihnen Hörige unbewußt selber begehrt, worauf die Strafe gesetzt ist.

Der Grund für den Minderjährigenkomplex dürfte in ungemein mächtigen Triebregungen liegen, die er abwehrt. Man muß ihn zusammendenken damit, daß im zwanzigsten Jahrhundert, möglicherweise aus einer unbewußten Homosexualisierung der Gesellschaft heraus, das erotische Ideal infantil wurde, zu dem, was man vor dreißig oder vierzig Jahren mit lüsternem Schauer Weibkind nannte. Der Erfolg der Lolita, die nicht lasziv ist und immerhin zuviel literarische Qualität für einen Bestseller hat, wäre einzig durch die Gewalt jener imago zu erklären. Wahrscheinlich hat das verpönte Wunschbild auch seinen gesellschaftlichen Aspekt, den akkumulierten Widerwillen gegen einen Zustand, der Pubertät und Selbständigkeit der Menschen temporal auseinanderreißt. Zu Lolita, Tatjana und Baby Doll sind Komplemente die Vereine, die am liebsten auf jeden Spielplatz hinter jedes Kind eine sittlich gereifte Polizistin stellen möchten, welche es vor dem Bösen behütet, auf das die Erwachsenen lauern. Beschenkte ein Nachkomme des Fontaneschen Herrn von Ribbeck auf Ribbeck im Havelland die kleinen Mädchen mit Birnen, so machte seine Humanität sogleich sich verdächtig.
Die berührte Zone ist heikel nicht bloß der heftigen Affekte wegen, die entbunden werden, sobald man der herrschenden Meinung nicht anhängt, sondern auch wegen der unbestreitbaren Schutzfunktion des Gesetzes. Selbstverständlich muß verhindert werden, daß Kindern Gewalt geschieht, oder daß Vorgesetzte irgendwelcher Art ihre Position dazu mißbrauchen, von ihnen Abhängige zu zwingen, ihnen zu Willen zu sein. Darf ein Mann, der auf Kinder Sexualattentate begeht, weiter frei herumlaufen, weil ihn seine Eltern aufgenommen und ihm Arbeit verschafft haben – als ob das eine mit dem anderen das mindeste zu tun hätte –, so werden dadurch noch die reinheitswütigen Organisationen ins Recht gesetzt, welche die Behörde verklagen: sie mag durch ihre Leichtfertigkeit

wirklich dafür verantwortlich sein, daß der Betreffende kurz danach ein kleines Mädchen ermordete. Aber um diesen Wahrheitskern hat sich eine Vorstellungsmasse angesammelt, die erst einmal überprüft werden müßte, anstatt daß heiliger Eifer jede nähere Besinnung unterbindet. Hypothetisch etwa sind die angeblich gefährlichen Folgen der Lektüre und Betrachtung von Pornographie. Töricht und ein Eingriff in die persönliche Freiheit, sie Erwachsenen vorzuenthalten, die daran Vergnügen finden. Bei Minderjährigen wäre die schädliche Wirkung und deren Beschaffenheit erst einmal festzustellen: neurotische Defekte, Phobien, Konversionshysterien oder was immer sonst. Die Weckung des ohnehin meist schon vorhandenen Interesses an Sexuellem kann als schädlich nicht diffamiert werden, es sei denn, man wäre radikal genug, den Sexus schlechthin zu verdammen – eine Haltung, die heute schwerlich viel Liebe fände, und vor der die Sittlichkeitsapostel sich zu hüten pflegen. Gerade als unverstümmelter, unverdrängter bereitet der Sexus an sich keinem Menschen etwas Übles. Das müßte nicht bloß unqualifiziert ausgesprochen werden, sondern die Logik der Gesetzgebung und ihre Anwendung durchdringen. Angesichts der aktuellen und potentiellen Schäden, die gegenwärtig der Menschheit von ihren Verwaltern angetan werden, hat das sexuelle Schutzbedürfnis etwas Irres, aber die Zahl derer ist geringer, die es wagen, das offen zu sagen, als selbst die derjenigen, welche gegen so hochansehnliche gesellschaftliche Einrichtungen wie den bakteriologischen und den Atomkrieg protestieren.

Bei den Schutzgesetzen für Minderjährige wäre zumindest zu prüfen, ob sie wirklich die Opfer sei's von Gewalt, sei's von abgefeimten Täuschungsmanövern sind, oder ob sie nicht selbst längst in jenem Zustand sich befinden, den das Gesetz zu verzögern sich anmaßt, und ob sie nicht ihren Mißbrauch aus Freude an der Sache, vielleicht auch nur um zu erpressen, selbst provozierten. Einstweilen hat ein Strichjunge, der seinen Kunden hinterher umbringt und beraubt und dann vor Gericht aussagt, er habe aus Ekel vor den Zumutungen gehandelt, die an ihn ergangen seien, die Aussicht, gütige Richter zu finden. Auch der Schutz abhängiger Personen ist allzu summarisch. Schöpfte die Praxis den Wortlaut des Gesetzes aus, so wäre für die Fülle der Delinquenten nicht Raum genug in den Gefängnissen; das allein ist gewiß kein Argument, aber immerhin ein Hinweis. Überdies dürften die geltenden Bestimmungen dem Regisseur ein Verhältnis mit seiner Schauspielerin gestatten, dem Intendanten das mit einer Verwaltungsangestellten verbieten. Vernünftigerweise müßte man die einschlägigen Paragraphen so modifizieren, daß sie bloß auf solche Fälle angewandt werden, wo die Vorgesetzten gegenüber den ihnen Unterstellten ihre Machtposition ausnutzen, sie wirklich und erweislich mit Entlassung und anderen Nachteilen bedrohen, nicht aber, wenn das Paar von der Situation vereint wird, wie weiland Paolo und Francesca bei der Lektüre. Eine behutsame und jeglichen Mißbrauch ausschließende Fassung des Paragraphen 174 des geltenden Strafgesetzbuches ist um so dringlicher, als gerade er, wenn auch keineswegs er allein unter den Sittlichkeitsparagraphen, dazu herausfordert, politisch und sonstwie Mißliebige, wie es im neudeutschen Jargon so traditionsbewußt heißt, abzuschießen.

Insgesamt wäre die Gesetzgebung keineswegs nur zu mildern. Manches wäre zu verstärken, zumal Paragraphen, welche gegen Roheitsdelikte gerichtet sind. Stets noch werden, wie Karl Kraus erkannte, unerlaubte Zärtlichkeiten gegen Minderjährige härter bestraft, als wenn Eltern oder Lehrherren sie halbtot prügeln. Begeht einer im Suff brutale Gewaltakte, so wird sein Zustand ihm strafmildernd angerechnet, als hauste im Innern des esprit des lois der Komment, der den Suff als Exzeß nicht nur toleriert, sondern ihn als Beweis männlicher Tugend verlangt. Daß immer wieder versichert wird, angeheiterte, übrigens auch ihrer Sinne mächtige Autofahrer, die jemanden totfahren, hätten kein Kavaliersdelikt verübt, bezeugt bloß, wie eingewurzelt die Neigung ist, ihre Untat als solches zu sehen, und das dürfte auch in der Rechtsprechung sich reflektieren. Die deutschen Autositten gehören wohl überhaupt, im Gegensatz zu den angelsächsischen wie zu den romanischen Ländern, zu jenen nationellen Eigentümlichkeiten, in denen etwas vom Geist des Hitlerischen Reiches sichtbar fortdauert: die Geringschätzung des Menschenlebens, von dem eine alte deutsche Ideologie bereits den Gymnasiasten einbläute, es sei der Güter höchstes nicht. Was damals, als bloß empirisch, verachtet ward gegenüber der Majestät des Sittengesetzes, wird, im Lauf des Entwicklungszugs einer Gesellschaft, die stolz darauf ist, der Ideologien sich entledigt zu haben, nun verachtet aus primitivsten Regungen von Selbsterhaltung, dem Drang zum Vorwärtskommen im unmetaphorischen Sinn, der Verleiblichung gesunden Erfolgswillens. Ganz unideologisch geht es freilich auch dabei nicht zu: wo einst das Sittengesetz waltete, wird nun darüber gewacht, daß man die Verkehrsordnung respektiert; die Voraussetzung dafür, jemanden guten Gewissens umzubringen, ist das grüne Licht der Ampel. Analog hat die Sozialpsychologie beim Studium der nationalsozialistischen Mores den Begriff des Legalitären geprägt. Geplante Morde wurden durch irgendwelche Veranstaltungen, sei es auch post festum, gedeckt, indem die Volksvertreter sie als rechtens erklärten. Legalitäres Bedürfnis hat offenbar die Brutalität des Straßenverkehrs ebenso wie die bei der Verfolgung unschuldiger Opfer und unschuldiger Vergehen. Das Einverständnis mit der Roheit, mit verdrückten Instinkten dort, wo sie mit institutionellen sozialen Formen harmonieren, begleitet treulich den Haßgesang gegen die Partialtriebe. Prinzipiell und mit unvermeidlicher Übertreibung wäre wohl zu sagen, *daß in Recht und Sitte all das Sympathie findet, worin Verhaltensweisen der gesellschaftlichen Unterdrückung – letztlich der sadistischen Gewalt – sich fortsetzen, während unerbittlich reagiert wird auf Verhaltensweisen, die dem Gewalttätigen gesellschaftlicher Ordnung selbst entgegen sind.* Eine Strafrechtsreform, die den Namen verdiente, und die freilich heute und hier kaum absehbar ist, würde sich emanzipieren vom Volksgeist, von jenen faits sociaux, die schon Durkheim daran erkennen wollte, daß es weh tut.

Die Frage nach strenger oder milder Judikatur dort, wo Handlungen Resultanten von Konflikten des Ichs und des Es sind, orientiert sich an der Kontroverse über die Willensfreiheit. Meist entscheiden sich deren Anhänger für die Vergeltungstheorie, der schon Nietzsche auf den Grund sah, und für strenge Strafen; die Deterministen für die Erziehungs- (Spezialpräventions-) und Abschreckungs- (Generalpräventions-)theorie. Diese Alternative ist fatal. Die Frage nach der Freiheit des Willens ist wahrscheinlich überhaupt nicht abstrakt, nämlich von Idealkonstruktionen des Individuums und seines rein für sich seienden Charakters her zu lösen, sondern nur im Bewußtsein der Dialektik von Individuum und Gesellschaft. Freiheit, auch die des Willens, wäre erst zu verwirklichen, darf nicht als positiv gegeben supponiert werden. Andererseits ist die Generalthesis des Determinismus genau so abstrakt wie die des liberum arbitrium: die Gesamtheit der Bedingungen, von denen, dem Determinismus zufolge, die Willensakte abhängen sollen, ist nicht bekannt, macht selber eine Idee aus und darf nicht wie eine verfügbare Größe behandelt werden. Philosophie hat denn auch auf ihrer höchsten Erhebung nicht das eine oder andere gelehrt, sondern die Antinomie des Sachverhalts ausgedrückt. Kants Theorie, daß alle empirischen Handlungen durch den empirischen Charakter determiniert seien, dieser jedoch ursprünglich vom intelligiblen gesetzt, zurückdatierend auf einen Akt der Freiheit, ist dafür vielleicht das großartigste Modell, wie schwer es auch fällt, irgend sich vorzustellen, das Subjekt vermöchte seinen Charakter sich selbst zu geben, während unterdessen die Psychologie frühkindliche Determinanten der Charakterformation bloßlegte, von welchen zumindest die deutsche Philosophie im Ausgang des achtzehnten Jahrhunderts nichts sich träumen ließ. Je mehr Momente des Charakters aber der empirischen Sphäre zugerechnet werden müssen, desto vager und ungreifbarer wird der intelligible, auf den all das zurückgehen soll. Er wäre wahrscheinlich überhaupt nicht als individuelle Psyche sondern erst als die subjektive Verfassung eines Vereins objektiv freier Menschen zu bestimmen. All das stürzt die traditionelle Philosophie ins Elend, bei der die Jurisprudenz in der Strafrechtsdebatte nach ihren Fundamenten sucht. Dadurch schleicht die Willkür bloßer Weltanschauung leicht als oberste Instanz sich ein; ob einer dem Determinismus oder der Lehre von der Willensfreiheit zuneigt, hängt einstweilen davon ab, wofür er, aus Gott weiß welchen Gründen, optiert. Während sonst die Verwissenschaftlichung der Welt so unerbittlich fortschritt, daß das Expertentum jede mögliche Erkenntnis beschlagnahmt, wird von einer Disziplin, die auf ihre wissenschaftliche Strenge soviel sich zugute tut wie die Jurisprudenz, an zentraler Stelle der common sense mit allem Trüben, das ihm innewohnt, bis hinab zum gesunden Volksempfinden und zur Durchschnittsmeinung, zum Kriterium erhoben. Das verschafft gerade dort, wo der Anspruch von Vernunft in der Jurisprudenz emphatisch wird, wo sie über ihren bereits verfestigten institutionellen Bereich hinausgeht, jenen destruktiven Instinkten Einlaß, welche die Psychologie hinter dem autoritären Bedürfnis zu strafen entdeckt hat. Der Widerspruch aber, in den die Philosophie sich verwickelt: daß ohne die Idee von Freiheit Humanität nicht gedacht werden kann, daß aber die realen Menschen unfrei sind von innen und außen her, ist real motiviert, kein Versagen spekulativer Metaphysik sondern Schuld der Gesellschaft, die auch zur inneren Unfreiheit sie verhält. Gesellschaft ist die wahre Determinante und ihre Einrichtung das Potential von Freiheit zugleich. Nach dem Verfall der großen Philosophie, die des objektiv-gesellschaftlichen Moments subjektiver Freiheit durchaus sich bewußt war, ist die Antinomie, der sie ins Auge sah, hinabgesunken zu isolierten, schlecht antithetischen Parolen: hier dem hohlen Freiheitspathos offizieller Deklamation, das meist nur der Unfreiheit, nämlich den autoritären Ordnungen, Zutreiberdienste leistet; dort dem sturen und abstrakten Determinismus, der über die bloße Versicherung der Determination nicht hinausgelangt und die wahren Determinanten meist gar nicht erreicht. Im Zentrum der moral- und rechtsphilosophischen Kontroverse wiederholt sich der Schattenkampf von Absolutismus und Relativismus. Falsch ist die unvermittelte Trennung von Freiheit und Unfreiheit, obwohl selbst sie noch ihr Wahrheitsmoment hat, verzerrter Ausdruck der realen Trennung der Subjekte voneinander und von der Gesellschaft.

Der konsequente Determinismus hätte, so treu er die Unfreiheit der Menschen im Bestehenden ausspricht, der Praxis von Auschwitz nichts Triftiges entgegenzusetzen. Damit stieße er auf die Grenze, die weder durch die Ersatzphilosophie sogenannter Werte überschritten wird, noch in die bloße Subjektivität des Sittlichen aufgelöst werden kann. Sie markiert das unaufhebbar differierende Moment im Verhältnis von Theorie und Praxis. Praxis geht nicht auf im autarken, stillgestellten Gedanken: die Hypostasis der Theorie so gut wie die der Praxis ist selbst ein Stück theoretischer Unwahrheit. Wer einem Verfolgten hilft, hat das theoretisch höhere Recht, als wer in der Kontemplation darüber beharrt, ob es ein ewiges Naturrecht gebe oder nicht, obwohl die moralische Praxis allen theoretischen Bewußtseins bedarf. Insofern behält der Fichtesche Satz vom Moralischen, das sich von selbst verstehe, trotz seiner Fragwürdigkeit, auch sein Recht. Philosophie, die sich der Praxis gegenüber derart überfordert, daß sie diese ganz zur Identität mit sich zwingen möchte, ist ebenso falsch wie eine dezisionistische Praxis, welche die theoretische Besinnung abschneidet. Der gesunde Menschenverstand, der das vereinfacht, um etwas Brauchbares in die Hand zu bekommen, geht der Wahrheit selber ans Leben. Philosophie ist heute nicht in Gesetzgebung und juristische Prozeduren bündig zu transformieren. Ihnen ziemt einige Bescheidenheit, nicht nur, weil sie der philosophischen Komplexion nicht gewachsen sind, sondern auch dem theoretischen Stand der Einsicht zuliebe. Anstatt, in frischfröhlichem Drauflosdenken, die Frage an falsche Tiefe oder radikale Flachheit zu verraten, müßte die Jurisprudenz erst einmal das fortgeschrittenste Niveau des psychologischen und des gesellschaftlichen Wissens erreichen. Bis zur Lähmung des unreglementierten Gedankens okkupiert die Wissenschaft allerorten das Feld des naiven Bewußtseins; auf dem jedoch, das der Jurisprudenz für ihre Domäne gilt, verfügt Wissenschaft, die von der Gesellschaft und die Psychologie, tatsächlich über mehr Daten, als den juridischen Sachverständigen bekannt ist. Sie kombinieren pedantisch-logische Systematik mit einer geistigen Verhaltensweise, die tut, als hätte die Wissenschaft über Determinanten nichts ausfindig gemacht, und als könne jeder auf eigene Faust die ihm passende Philosophie sich aussuchen, um dann durch einen klappernden Betrieb selbstgemachter Begriffe das gegenwärtig disponible Wissen zu ersetzen. Im allgemeinen wird man die Hypothese wagen dürfen, daß die zu Hilfszwecken mobilisierte Philosophie – heute wäre das vor allem an der Existentialontologie zu zeigen – einzig reaktionär fungiert. Demgegenüber wären die unverwässerten psychoanalytischen Funde auf Sexualtabus und Sexualgesetzgebung anzuwenden: produktiv zu machen für kriminologische Fragestellungen. Ohne allen systematischen Anspruch seien einige mögliche Untersuchungen aufgezählt.

1. Eine Repräsentativumfrage wäre durchzuführen, die zentriert ist im Verhältnis zwischen sexuellen Vorurteilen und Strafphantasien einerseits und andererseits ideologischen Prädispositionen und Neigungen autoritärer Art. Es könnte dabei von der sogenannten F-Skala der ›Authoritarian Personality‹ ausgegangen werden; nur wäre das zu verwendende Forschungsinstrument gänzlich nach den verschiedenen Dimensionen der Anschauungen über Sexuelles zu organisieren. Hervorgehoben zu werden verdient, daß seinerzeit in Amerika Sätze, die sich auf diese Region bezogen, als die trennschärfsten sich bewährten, und daß sich das bis jetzt auch wiederholte in den Versuchen, jene amerikanische Skala den Bedingungen der deutschen Situation gemäß umzuformen.

2. Urteilsbegründungen in Sittlichkeitsprozessen wären, vielleicht nach dem Zufallsprinzip, für eine eng befristete Periode auszusuchen, die maßgebenden Gesichtspunkte ebenso wie die Struktur der Argumentation herauszuarbeiten. Sowohl die obwaltenden Kategorien wie die Logik der Beweisführung wären mit Befunden der analytischen Psychologie zu konfrontieren. Damit zu rechnen ist, daß die Begründungen, auf die man dabei stößt, vielfach vom Schlag jener regelmäßig wiederkehrenden Zeitungsnotizen sind, daß die Leiche der Sozialrentnerin X. aus dem Fluß geländet worden sei. Es handele sich um Selbstmord. Als Motiv der Tat werde seelische Depression angenommen.

3. Eine repräsentative Stichprobe von Strafgefangenen, die wegen Sexualvergehen oder -verbrechen eingekerkert sind, wäre für die Zeit ihrer Haft psychoanalytisch zu unter-

suchen. Die Analysen wären mit den Urteilsbegründungen zu vergleichen, um deren Stichhaltigkeit zu überprüfen.

4. Die kategoriale Struktur der einschlägigen Strafgesetze wäre kritisch zu analysieren. Dabei sollte nicht von außen her ein fertiger Standpunkt herangebracht werden: man müßte sie lediglich auf ihre immanente Konsequenz hin befragen. Die Richtung dessen, was man dabei zu erwarten hat, wird bezeichnet etwa vom Begriff teilweiser Zurechnungsfähigkeit. Er erlaubt den Aberwitz, dieselbe Person nacheinander als verantwortlich dem Gefängnis oder Zuchthaus und als unverantwortlich dem Irrenhaus zuzuweisen.

5. Eigenes Studium verdienten weiter fürs Sexualrecht relevante Aspekte der Strafprozeßordnung. So dürfte in all den Fällen, wo ein Angeklagter öffentliches Ärgernis soll gegeben haben, den Polizeiberichten besonderes Gewicht zukommen, die sich auf die oft verworrene Situation beziehen, in der das Delikt verübt worden sein soll. Manches spricht dafür, daß jene Berichte häufig unter Druck gegen die verängstigten Angeschuldigten zustande kommen, die ins Netz einer Razzia geraten sein mögen. Sicherlich sind viele von ihnen sich im unklaren über die Bedeutung der Aussage, die sie den Polizisten gegenüber machen. – Auch daß die Angeschuldigten während der Voruntersuchung keinen Anwalt sich nehmen dürfen, wird vielfach ihre Verteidigung erschweren; dem wäre nachzugehen.

6. Einzelne Prozesse, die gar nicht unmittelbar Sittlichkeitsprozesse sein müssen, aber in denen sexuelle Momente berührt werden, wären bis ins einzelne daraufhin zu prüfen, in welcher Weise jene Momente den Gang des Prozesses, und möglicherweise die Urteilsbildung, mitbestimmt haben. Aus jüngster Vergangenheit bietet der Fall Vera Brühne sich an. Denkbar, daß sich Zusammenhänge zeigen zwischen dem auf Grund eines kaum ganz stringenten Indizienbeweises gefällten harten Urteil und den erotischen Dingen, die im Prozeß zur Sprache kamen, obwohl

vieles davon mit dem Mord in keinem plausiblen Zusammenhang stand. Latent spielt gewiß die unqualifizierbare Vorstellung herein, daß einer Frau, die ein libertines Sexualleben führe, auch ein Mord zuzutrauen sei.

7. Von philosophisch Gebildeten wären dogmatische Begriffe, die in der Gesetzgebung auch heute noch umgeistern, wie die des gesunden Volksempfindens, der allgemein geltenden Anschauung, der natürlichen Moral und ähnliches, herauszuarbeiten und zu analysieren. Besonders zu achten wäre auf die more iuridico rationalistischen Begründungen von Handlungen, die in Wahrheit nach Gesetzen psychologischer Irrationalität verliefen.

8. Im Bewußtsein der im Wege stehenden, fraglos eminenten Schwierigkeiten eines solchen Beginnens wären empirische Untersuchungen darüber ins Auge zu fassen, ob gewisse Handlungen und Verhaltensweisen, denen man schädliche Wirkungen auf Jugendliche stillschweigend zuschreibt, nachweisbar Schäden stiften. Die nicht selten als Unholde bezeichneten Exhibitionisten sind, wenn anders man der Psychoanalyse trauen darf, real meist harmlos und ungefährlich. Sie tun nicht mehr, als zwangshaft ihre traurige Befriedigung zu suchen, und gehörten gewiß eher in Behandlung als ins Gefängnis. Der psychische Schaden jedoch, den sie Minderjährigen zufügen sollen, die sie beobachten, wird einstweilen bloß behauptet. Unausgemacht, obzwar möglich, daß Rencontres mit Exhibitionisten bei Kindern psychische Störungen hinterlassen; nicht zu weit hergeholt jedenfalls scheint die Annahme, daß manche Frauen und Mädchen, aus psychogenen Motiven, Schreckerlebnisse mit Exhibitionisten erfinden oder, wie die Psychoanalyse es nennt, rückphantasieren; der Kriminologie ist der Sachverhalt von Zeugenaussagen her allgemein vertraut. Ähnliches dürfte für die Wirkung sogenannter unzüchtiger Darstellungen auf Jugendliche gelten. Angeregt sei, daß eine Gruppe von Jugendlichen, die

irgendein gerade als unzüchtig verpöntes Buch gelesen hat, nach verschiedenen Dimensionen ihres geistigen und psychischen Zustandes, ihren Vorstellungen über Moral, Erotisches, auch über ihre Triebsituation befragt wird und analog eine Kontrollgruppe von solchen, die das Buch nicht kennen. Besonders wäre darauf zu merken, ob es sich dabei nicht um selbst-selektive Gruppen handelt; also ob nicht die, welche jenes Buch lesen, vorweg schon sexuell erfahrener oder interessierter sind als die, welche es nicht lesen. Durchaus ist damit zu rechnen, daß solche Untersuchungen sich als praktisch undurchführbar erweisen, oder daß es nicht gelingt, eine Methode zu entwickeln, welche die Ergebnisse sicherstellt und eindeutig macht. Selbst das jedoch hätte Erkenntniswert: allein schon, daß der unterstellte Schaden weder sich beweisen noch negieren läßt, müßte die Gesetzgebung dazu veranlassen, mit dem Begriff jenes Schadens überaus vorsichtig zu verfahren.

9. Zur Frage des Fortlebens der Sexualtabus in den Volkssitten: eine Studie wäre durchzuführen über das, was nach den herrschenden Vorschriften oder Spielregeln der freiwilligen Selbstkontrolle der Filmindustrie etwa an Liebkosungen, Exhibitionen und angeblich Obszönem eliminiert, und was demgegenüber an ernsthaft Schädlichem, wie Modellen zu sadistischen Akten, Gewaltverbrechen, technisch vollkommenen Einbrüchen, durchgelassen wird; freilich paart die Entrüstung über Grausamkeit nicht selten sich mit der sexuellen. In Amerika hat man auf dies eklatante Mißverhältnis von Verbotenem und Erlaubtem bereits vor zehn Jahren hingewiesen, ohne daß die Praxis seitdem sich geändert hätte: so nachhaltig wirken die Sexualtabus gleichermaßen wie das gesellschaftliche Einverständnis mit dem Gewaltprinzip.

Was bedeutet: Aufarbeitung der Vergangenheit

Die Frage ,Was bedeutet: Aufarbeitung der Vergangenheit' muß erläutert werden. Sie geht von einer Formulierung aus, die sich während der letzten Jahre als Schlagwort höchst verdächtig gemacht hat. Mit Aufarbeitung der Vergangenheit ist in jenem Sprachgebrauch nicht gemeint, daß man das Vergangene im Ernst verarbeite, seinen Bann breche durch helles Bewußtsein. Sondern man will einen Schlußstrich darunter ziehen und womöglich es selbst aus der Erinnerung wegwischen. Der Gestus, es solle alles vergessen und vergeben sein, der demjenigen anstünde, dem Unrecht widerfuhr, wird von den Parteigängern derer praktiziert, die es begingen. In einer wissenschaftlichen Kontroverse schrieb ich einmal: im Hause des Henkers soll man nicht vom Strick reden; sonst hat man Ressentiment. Aber daß die Tendenz der unbewußten und gar nicht so unbewußten Abwehr von Schuld mit dem Gedanken der Aufarbeitung des Vergangenen so widersinnig sich verbindet, ist Anlaß genug für Überlegungen, die sich auf einen Bereich beziehen, von dem heute noch ein solches Grauen ausgeht, daß man zögert, ihn beim Namen zu nennen.

Man will von der Vergangenheit loskommen: mit Recht, weil unter ihrem Schatten gar nicht sich leben läßt, und weil des Schreckens kein Ende ist, wenn immer nur wieder Schuld und Gewalt mit Schuld und Gewalt bezahlt werden soll; mit Unrecht, weil die Vergangenheit, der man entrinnen möchte, noch höchst lebendig ist. Der Nationalsozialismus lebt nach, und bis heute wissen wir nicht, ob bloß als Gespenst dessen, was so ungeheuerlich war, daß es am eigenen Tode noch nicht starb, oder ob es gar nicht erst zum Tode kam; ob die Bereitschaft zum Unsäglichen fortwest in den Menschen wie in den Verhältnissen, die sie umklammern.

Ich möchte nicht auf die Frage neonazistischer Organisationen eingehen. Ich betrachte das Nachleben des Nationalsozialismus *in* der Demokratie als potentiell bedrohlicher denn das Nachleben faschistischer Tendenzen *gegen* die Demokratie. Unterwanderung bezeichnet ein Objektives; nur darum machen zwielichtige Figuren ihr come back in Machtpositionen, weil die Verhältnisse sie begünstigen.

Daß die Vergangenheit in Deutschland keineswegs bloß im Kreis der sogenannten Unverbesserlichen, wenn es denn so sein soll, noch nicht bewältigt ward, ist unbestritten. Es wird da immer wieder auf den sogenannten Schuldkomplex verwiesen, oft mit der Assoziation, dieser sei durch die Konstruktion einer deutschen Kollektivschuld eigentlich erst geschaffen worden. Unbestreitbar gibt es im Verhältnis zur Vergangenheit viel Neurotisches: Gesten der Verteidigung dort, wo man nicht angegriffen ist; heftige Affekte an Stellen, die sie real kaum rechtfertigen; Mangel an Affekt gegenüber dem Ernstesten; nicht selten auch einfach Verdrängung des Gewußten oder halb Gewußten. So sind wir im Gruppenexperiment des Instituts für Sozialforschung häufig darauf gestoßen, daß bei Erinnerungen an Deportation und Massenmord mildernde Ausdrücke, euphemistische Umschreibungen gewählt werden oder ein Hohlraum der Rede sich darum bildet; die allgemein eingebürgerte, fast gutmütige Wendung ‚Kristallnacht' für das Pogrom vom November 1938 belegt diese Neigung. Sehr groß ist die Zahl derer, die von den Geschehnissen damals nichts gewußt haben wollen, obwohl überall Juden verschwanden, und obwohl kaum anzunehmen ist, daß die, welche erlebten, was im Osten geschah, stets über das geschwiegen haben sollen, was ihnen unerträgliche Last gewesen sein muß; man darf wohl unterstellen, daß zwischen dem Gestus des Von-allem-nichts-gewußt-Habens und zumindest stumpfer und ängstlicher Gleichgültigkeit eine Proportion besteht. Jedenfalls haben die dezidierten Feinde des Nationalsozialismus frühzeitig sehr genau Bescheid gewußt.

Wir alle kennen auch die Bereitschaft, heute das Geschehene zu leugnen oder zu verkleinern – so schwer es fällt zu begreifen, daß Menschen sich nicht des Arguments schämen, es seien doch höchstens nur fünf Millionen Juden und nicht sechs vergast worden. Irrational ist weiter die verbreitete Aufrechnung der Schuld, als ob Dresden Auschwitz abgegolten hätte. In der Aufstellung solcher Kalküle, der Eile, durch Gegenvorwürfe von der Selbstbesinnung sich zu dispensieren, liegt vorweg etwas Unmenschliches, und Kampfhandlungen im Krieg, deren Modell überdies Coventry und Rotterdam hieß, sind kaum vergleichbar mit der administrativen Ermordung von Millionen unschuldiger Menschen. Auch diese Unschuld, das Allereinfachste und Plausibelste, wird abgestritten. Das Unmaß des Verübten schlägt diesem noch zur Rechtfertigung an: so etwas, tröstet sich das schlaffe Bewußtsein, könne doch nicht geschehen sein, wenn die Opfer nicht irgendwelche Veranlassung gegeben hätten, und dies vage ‚irgendwelche' mag dann nach Belieben fortwuchern. Verblendung setzt sich hinweg über das schreiende Mißverhältnis zwischen höchst fiktiver Schuld und höchst realer Strafe. Zuweilen werden die Sieger zu Urhebern dessen gemacht, was die Besiegten taten, als sie selber noch obenauf waren, und für die Untaten des Hitler sollen diejenigen verantwortlich sein, die duldeten, daß er die Macht ergriff, und nicht jene, die ihm zujubelten. Die Idiotie alles dessen ist wirklich Zeichen eines psychisch Nichtbewältigten, einer Wunde, obwohl der Gedanke an Wunden eher den Opfern gelten sollte.

Bei alldem jedoch hat die Rede vom Schuldkomplex etwas

Unwahrhaftiges. In der Psychiatrie, der sie entlehnt ist und deren Assoziationen sie mitschleift, besagt sie, daß das Gefühl der Schuld krankhaft sei, der Realität unangemessen, psychogen, wie die Analytiker es nennen. Mit Hilfe des Wortes Komplex wird der Anschein erweckt, daß die Schuld, deren Gefühl so viele abwehren, abreagieren und durch Rationalisierungen der törichtesten Art verbiegen, gar keine Schuld wäre, sondern bloß in ihnen, ihrer seelischen Beschaffenheit bestünde: die furchtbar reale Vergangenheit wird verharmlost zur bloßen Einbildung jener, die sich davon betroffen fühlen. Oder sollte gar Schuld selber überhaupt nur ein Komplex, sollte es krankhaft sein, mit Vergangenem sich zu belasten, während der gesunde und realistische Mensch in der Gegenwart und ihren praktischen Zwecken aufgeht? Das zöge die Moral aus jenem »Und ist so gut, als wär' es nicht gewesen«, das von Goethe stammt, aber, an entscheidender Stelle des Faust, vom Teufel gesprochen wird, um dessen innerstes Prinzip zu enthüllen, die Zerstörung von Erinnerung. Die Ermordeten sollen noch um das einzige betrogen werden, was unsere Ohnmacht ihnen schenken kann, das Gedächtnis. Die verstockte Gesinnung derer, die nichts davon hören wollen, fände sich freilich in Übereinstimmung mit einer mächtigen historischen Tendenz. Hermann Heimpel hat mehrfach vom Schrumpfen des Bewußtseins historischer Kontinuität in Deutschland gesprochen, einem Symptom jener gesellschaftlichen Schwächung des Ichs, die Horkheimer und ich schon in der ›Dialektik der Aufklärung‹ abzuleiten versucht haben. Empirische Befunde von der Art, daß die junge Generation vielfach nicht mehr weiß, wer Bismarck und wer Kaiser Wilhelm I. waren, haben den Verdacht des Geschichtsverlusts bestätigt.

Aus der allgemeinen gesellschaftlichen Situation weit eher als auch der Psychopathologie ist denn wohl das Vergessen des Nationalsozialismus zu begreifen. Noch die psychologischen Mechanismen in der Abwehr peinlicher und unangenehmer Erinnerungen dienen höchst realitätsgerechten Zwecken. Die Abwehrenden selbst plaudern sie aus, wenn sie etwa praktischen Sinnes darauf hinweisen, daß die allzu konkrete und hartnäckige Erinnerung ans Geschehene dem deutschen Ansehen im Ausland schaden könne. Solcher Eifer reimt sich schlecht zusammen mit dem Ausspruch Richard Wagners, der doch nationalistisch genug war, deutsch sein heiße, eine Sache um ihrer selbst willen tun – wenn nicht a priori die Sache selbst als Geschäft bestimmt ist. Die Tilgung der Erinnerung ist eher eine Leistung des allzu wachen Bewußtseins als dessen Schwäche gegenüber der Übermacht unbewußter Prozesse. Im Vergessen des kaum Vergangenen klingt die Wut mit, daß man, was alle wissen, sich selbst ausreden muß, ehe man es den anderen ausreden kann.

Sicherlich sind die angezogenen Regungen und Verhaltensweisen insofern nicht unmittelbar rational, als sie die Tatsachen verzerren, auf die sie sich beziehen. Rational aber sind sie in dem Sinn, daß sie sich an gesellschaftliche Tendenzen anlehnen, und daß, wer so reagiert, sich einig weiß mit dem Zeitgeist. Ein solches Reagieren kommt unmittelbar dem Fortkommen entgegen. Wer sich keine unnützen Gedanken macht, streut keinen Sand ins Getriebe. Es empfiehlt sich, nach dem Mund dessen zu reden, was Franz Böhm so prägnant nicht-öffentliche Meinung nannte. Die sich einer Stimmung anpassen, die zwar durch offizielle Tabus in Schach gehalten wird, darum aber nur um so mehr Virulenz besitzt, qualifizieren sich gleichzeitig als dazugehörig und als unabhängige Männer. Schließlich blieb die deutsche Widerstandsbewegung ohne Massenbasis, und eine solche ist schwerlich von der Niederlage herbeigezaubert worden. Wohl darf man mutmaßen, daß die Demokratie tiefer eingedrungen ist als nach dem ersten Weltkrieg: der antifeudale, durchaus bürgerliche Nationalsozialismus hat durch Politisierung der Massen, gegen seinen Willen, der Demokratisierung in gewissem Sinn sogar vorgearbeitet. Junkerkaste wie radikale Arbeiterbewegung sind verschwunden; zum ersten Mal ist etwas wie ein homogen bürgerlicher Zustand hergestellt. Aber daß in Deutschland Demokratie zu spät kam, nämlich nicht zeitlich zusammenfiel mit dem wirtschaftlichen Hochliberalismus, und daß sie von den Siegern eingeführt ward, läßt das Verhältnis des Volkes zu ihr schwerlich unberührt. Unmittelbar wird das selten geäußert, weil es einstweilen unter der Demokratie zu gut geht, auch weil es der in politischen Bündnissen institutionalisierten Interessengemeinschaft mit dem Westen, zumal Amerika, entgegen wäre. Aber die Rancune gegen die re-education spricht doch deutlich genug. Soviel wird man sagen können, daß das System politischer Demokratie zwar in Deutschland als das akzeptiert wird, was in Amerika *a working proposition* heißt, als ein Funktionierendes, das bis jetzt Prosperität gestattete oder gar förderte. Aber Demokratie hat nicht derart sich eingebürgert, daß sie die Menschen wirklich als ihre eigene Sache erfahren, sich selbst als Subjekte der politischen Prozesse wissen. Sie wird als ein System unter anderen empfunden, so wie wenn man auf einer Musterkarte die Wahl hätte zwischen Kommunismus, Demokratie, Faschismus, Monarchie; nicht aber als identisch mit dem Volk selber, als Ausdruck seiner Mündigkeit. Sie wird eingeschätzt nach dem Erfolg oder Mißerfolg, an dem dann auch die einzelnen Interessen partizipieren, aber nicht als Einheit des eigenen Interesses mit dem Gesamtinteresse; die parlamentarische Delegation des Volkswillens in den modernen Massenstaaten macht das auch schwer genug. Oftmals wird man in Deutschland, unter Deutschen, der sonderbaren Äußerung begegnen, die Deutschen seien noch nicht reif für die Demokratie. Man macht aus der eigenen Unreife eine Ideologie, nicht unähnlich den Halbwüchsigen, die, wenn sie bei irgendwelchen Gewalttätigkeiten ertappt werden, sich auf ihre Zugehörigkeit zur Gruppe der Teenagers herausreden. Das Groteske dieser Argumentationsweise zeigt einen flagranten Widerspruch im Bewußtsein an. Die Menschen, die derart unnaiv die eigene Naivetät und politische Unreife ausspielen, fühlen sich auf der einen Seite schon als politische Subjekte, an denen es wäre, ihr Schicksal zu bestimmen und in Freiheit die Gesellschaft einzurichten. Andererseits stoßen sie aber darauf, daß dem durch die Verhältnisse harte Grenzen gesetzt sind. Weil sie diese Grenzen mit dem eigenen Gedanken nicht zu durchdringen vermögen, schreiben sie die Unmöglichkeit, die in Wahrheit ihnen angetan wird, sich selber zu oder den Großen oder den anderen. Sie spalten sich gleichsam noch einmal, von sich aus, in Subjekt und Objekt auf. Ohnehin definiert es die heute herrschende Ideologie, daß die Menschen, je mehr sie objektiven Konstellationen ausgeliefert sind, über die sie nichts vermögen oder über die sie nichts zu vermögen glauben, desto mehr dies Unvermögen subjektivieren. Nach der Phrase, es käme allein auf den Menschen an, schieben sie alles den Menschen zu, was an den Verhältnissen liegt, wodurch dann wieder die Verhältnisse unbehelligt bleiben. In der Sprache der Philosophie könnte man wohl sagen, daß in der Fremdheit des Volkes zur Demokratie die Selbstentfremdung der Gesellschaft sich widerspiegelt.

Unter jenen objektiven Konstellationen ist die vordringlichste vielleicht die Entwicklung der internationalen Politik. Sie scheint den Überfall, welchen der Hitler auf die Sowjetunion verübte, nachträglich zu rechtfertigen. Indem die westliche Welt als Einheit sich wesentlich durch die Abwehr der russischen Drohung bestimmt, sieht es so aus, als hätten die Sieger von 1945 das bewährte Bollwerk gegen den Bolschewismus nur aus Torheit zerstört, um es wenige Jahre danach wieder aufzubauen. Von dem zur

Hand liegenden ‚Hitler hat es ja immer gesagt' führt ein rascher Weg zur Extrapolation, daß er auch mit anderem recht gehabt habe. Nur erbauliche Sonntagsredner könnten über die historische Fatalität hinweggleiten, daß in gewissem Sinne jene Konzeption, welche einst die Chamberlains und ihren Anhang dazu bewog, den Hitler als Büttel gegen den Osten zu tolerieren, den Untergang des Hitler überlebt hat. Wahrhaft eine Fatalität. Denn die Drohung des Ostens, das Vorgebirge Westeuropa in sich hineinzuschlingen, ist offenbar. Wer ihr nicht widersteht, macht buchstäblich der Wiederholung des Chamberlainschen *appeasement* sich schuldig. Vergessen wird bloß – bloß! –, daß eben diese Drohung durch die Aktion des Hitler erst ausgelöst worden ist, der genau das über Europa brachte, was er nach dem Willen der appeasers mit seinem Expansionskrieg verhindern sollte. Mehr noch als das einzelmenschliche Schicksal ist das der politischen Verflechtung ein Schuldzusammenhang. Der Widerstand gegen den Osten hat in sich selbst eine Dynamik, welche das in Deutschland Vergangene erweckt. Nicht bloß ideologisch, weil die Parole vom Kampf gegen den Bolschewismus von jeher denen zur Tarnung verhalf, die es mit der Freiheit nicht besser meinen als jener. Sondern auch real. Nach einer schon während der Hitlerzeit gemachten Beobachtung zwingt die organisatorische Schlagkraft der totalitären Systeme ihren Gegnern etwas von ihrem eigenen Wesen auf. Solange das ökonomische Gefälle zwischen dem Osten und dem Westen noch andauert, hat die faschistische Spielart größere Chancen bei den Massen als die östliche Propaganda, während man andererseits freilich auch noch nicht zur faschistischen ultima ratio sich gedrängt sieht. Für beide totalitären Formen aber sind die gleichen Typen anfällig. Man beurteilte die autoritätsgebundenen Charaktere überhaupt falsch, wenn man sie von einer bestimmten politisch-ökonomischen Ideologie her konstruierte; die wohlbekannten Schwankungen der Millionen von Wählern vor 1933 zwischen der nationalsozialistischen und kommunistischen Partei sind auch sozialpsychologisch kein Zufall. Amerikanische Untersuchungen haben dargetan, daß jene Charakterstruktur gar nicht so sehr mit politisch-ökonomischen Kriterien zusammengeht. Vielmehr definieren sie Züge wie ein Denken nach den Dimensionen Macht-Ohnmacht, Starrheit und Reaktionsunfähigkeit, Konventionalismus, Konformismus, mangelnde Selbstbesinnung, schließlich überhaupt mangelnde Fähigkeit zur Erfahrung. Sie identifizieren sich mit realer Macht schlechthin, vor jedem besonderen Inhalt. Im Grunde verfügen sie nur über ein schwaches Ich und bedürfen darum als Ersatz der Identifikation mit großen Kollektiven und der Deckung durch diese. Daß man auf Schritt und Tritt Figuren wiederbegegnet, wie sie in dem Wunderkinderfilm dargestellt werden, hängt weder an der Schlechtigkeit der Welt als solcher noch an angeblichen Sondereigenschaften des deutschen Nationalcharakters sondern an der Identität jener Konformisten, die vorweg eine Beziehung zu den Schalthebeln aller Machtapparatur haben, mit den potentiellen totalitären Gefolgsleuten. Überdies ist es eine Illusion, daß das nationalsozialistische Regime nichts bedeutet hätte als Angst und Leiden, obwohl es das auch für viele der eigenen Anhänger bedeutete. Ungezählten ist es unterm Faschismus gar nicht schlecht gegangen. Die Terrorspitze hat sich nur gegen wenige und relativ genau definierte Gruppen gerichtet. Nach den Krisenerfahrungen der Ära vor Hitler überwog das Gefühl des ‚Es wird gesorgt', und gar nicht nur als Ideologie von KdF-Reisen und Blumenkästen in Fabrikräumen. Gegenüber dem laissez faire beschützte die Hitlerwelt tatsächlich bis zu einem gewissen Grade die Ihren vor den Naturkatastrophen der Gesellschaft, denen die Menschen überlassen waren. Gewalttätig nahm sie die gegenwärtige Krisenbeherrschung vorweg, ein barbarisches Experiment staatlicher Lenkung der Industriegesellschaft. Die viel berufene Integration, die organisatorische Verdichtung des gesellschaftlichen Netzes, das alles einfing, gewährte auch Schutz gegen die universale Angst, durch die Maschen durchzufallen und abzusinken. Ungezählten schien die Kälte des entfremdeten Zustands abgeschafft durch die wie immer auch manipulierte und angedrehte Wärme des Miteinander; die Volksgemeinschaft der Unfreien und Ungleichen war als Lüge zugleich auch Erfüllung eines alten, freilich von alters her bösen Bürgertraums. Wohl barg das System, das derlei Gratifikationen bot, das Potential des eigenen Untergangs in sich. Die wirtschaftliche Blüte des Dritten Reiches beruhte in weitem Maß auf der Rüstung zu dem Krieg, der die Katastrophe brachte. Aber jenes geschwächte Gedächtnis, von dem ich sprach, sträubt sich dagegen, diese Argumentationen in sich aufzunehmen. Es verklärt zäh die nationalsozialistische Phase, in der die kollektiven Machtphantasien derer sich erfüllten, die als Einzelne ohnmächtig waren und nur als eine solche Kollektivmacht überhaupt sich als etwas dünkten. Keine noch so einleuchtende Analyse kann die Realität dieser Erfüllung hinterher aus der Welt schaffen und die Triebenergien, die in sie investiert sind. Selbst das Hitlersche va banque-Spiel war nicht so irrational, wie es damals der mittleren liberalen Vernunft dünkte oder heute dem historischen Rückblick aufs Mißlingen. Hitlers Rechnung, den temporären Vorteil maßlos vorangetriebener Aufrüstung über die anderen Staaten auszunutzen, war im Sinn dessen, was er wollte, keineswegs töricht. Wer die Geschichte des Dritten Reiches, zumal die des Krieges sich vergegenwärtigt, dem werden immer wieder die einzelnen Momente, in denen Hitler unterlag, als zufällig erscheinen und als notwendig nur der Verlauf des Ganzen, in dem eben doch das größere technisch-ökonomische Potential des Restes der Erde sich durch-

setzte, die sich nicht erobern lassen wollte – gewissermaßen eine statistische Notwendigkeit, keineswegs eine erkennbare Logik Zug um Zug. Die nachlebende Sympathie mit dem Nationalsozialismus braucht nicht gar zu viel Sophistik aufzuwenden, um sich und anderen einzureden, es hätte auch immer ebensogut anders gehen können, eigentlich seien nur Fehler gemacht worden, und der Sturz Hitlers sei ein welthistorischer Zufall, den möglicherweise der Weltgeist doch noch korrigiere.
Nach der subjektiven Seite, in der Psyche der Menschen, steigerte der Nationalsozialismus den kollektiven Narzißmus, schlicht gesagt: die nationale Eitelkeit ins Ungemessene. Die narzißtischen Triebregungen der Einzelnen, denen die verhärtete Welt immer weniger Befriedigung verspricht und die doch ungemindert fortbestehen, solange die Zivilisation ihnen sonst so viel versagt, finden Ersatzbefriedigung in der Identifikation mit dem Ganzen[1]. Dieser kollektive Narzißmus ist durch den Zusammenbruch des Hitlerregimes aufs schwerste geschädigt worden. Seine Schädigung ereignete sich im Bereich der bloßen Tatsächlichkeit, ohne daß die Einzelnen sie sich bewußt gemacht hätten und dadurch mit ihr fertig geworden wären. Das ist der sozialpsychologisch zutreffende Sinn der Rede von der unbewältigten Vergangenheit. Auch jene Panik blieb aus, die nach Freuds Theorie aus ›Massenpsychologie und Ichanalyse‹ dort sich einstellt, wo kollektive Identifikationen zerbrechen. Schlägt man nicht die Weisung des großen Psychologen in den Wind, so läßt das nur eine Folgerung offen: daß insgeheim, unbewußt schwelend und darum besonders mächtig, jene Identifikationen und der kollektive Narzißmus gar nicht zerstört wurden, sondern fortbestehen. Die Niederlage hat man innerlich so wenig ganz ratifiziert wie nach 1918. Noch angesichts der offenbaren

1 Vgl. Text S. 166

Katastrophe hat das durch Hitler integrierte Kollektiv zusammengehalten und an schimärische Hoffnungen wie jene Geheimwaffen sich geklammert, die doch in Wahrheit die anderen besaßen. Sozialpsychologisch wäre daran die Erwartung anzuschließen, daß der beschädigte kollektive Narzißmus darauf lauert, repariert zu werden, und nach allem greift, was zunächst im Bewußtsein die Vergangenheit in Übereinstimmung mit den narzißtischen Wünschen bringt, dann aber womöglich auch noch die Realität so modelt, daß jene Schädigung ungeschehen gemacht wird. Bis zu einem gewissen Grad hat der wirtschaftliche Aufschwung, das Bewußtsein des Wie tüchtig wir sind, das geleistet. Aber ich bezweifle, ob das sogenannte Wirtschaftswunder, an dem alle zwar partizipieren, über das aber zugleich alle auch etwas hämisch reden, sozialpsychologisch wirklich so tief reicht, wie man in Zeiten relativer Stabilität denken könnte. Gerade weil der Hunger auf ganzen Kontinenten fortwährt, obwohl er technisch abgeschafft werden könnte, vermag keiner so recht am Wohlstand sich zu freuen. Wie individuell, etwa in Filmen, wenn einer es sich gut schmecken läßt und die Serviette in den Kragen steckt, mißgünstig gelacht wird, so gönnt die Menschheit ein Behagen sich selber nicht, dem sie zutiefst anmerkt, daß es stets noch mit Mangel bezahlt wird; Ressentiment trifft jedes Glück, auch das eigene. Sattheit ist zu einem Schimpfwort a priori geworden, während an ihr schlecht doch nur wäre, daß es solche gibt, die nichts zu essen haben; der angebliche Idealismus, der gerade im heutigen Deutschland so pharisäisch über den angeblichen Materialismus sich hermacht, verdankt vielfach, was er für seine Tiefe hält, nur verdrückten Instinkten. Haß aufs Behagen zeitigt in Deutschland Unbehagen am Wohlstand, und ihm verklärt sich die Vergangenheit zur Tragik. Jenes malaise kommt aber keineswegs bloß aus trüben Quellen sondern auch selber wiederum aus viel rationaleren. Der Wohlstand ist einer von Konjunktur, niemand traut seiner unbegrenzten Dauer. Tröstet man sich damit, daß Ereignisse wie die des Schwarzen Freitags von 1929 und die daran anschließende Wirtschaftskrise sich kaum wiederholen könnten, so steckt darin bereits implizit das Vertrauen auf eine starke Staatsmacht, von der man sich Schutz auch dann verspricht, wenn die ökonomische und politische Freiheit nicht funktioniert. Noch inmitten der Prosperität, selbst während des temporären Mangels an Arbeitskräften fühlt insgeheim wahrscheinlich die Mehrheit der Menschen sich als potentielle Arbeitslose, Empfänger von Wohltaten und eben damit erst recht als Objekte, nicht als Subjekte der Gesellschaft: das ist der überaus legitime und vernünftige Grund ihres Mißbehagens. Daß es im gegebenen Augenblick nach rückwärts gestaut und für die Erneuerung des Unheils mißbraucht werden kann, ist offenbar.

Das faschistische Wunschbild heute verschmilzt ohne Frage mit dem Nationalismus der sogenannten unterentwickelten Länder, die man bereits nicht mehr solche, sondern Entwicklungsländer nennt. Einverständnis mit denen, die in der imperialistischen Konkurrenz sich zu kurz gekommen fühlten und selber an den Tisch wollten, drückte schon während des Krieges in den slogans von den westlichen Plutokratien und den proletarischen Nationen sich aus. Ob und in welchem Maß diese Tendenz bereits eingemündet ist in den antizivilisatorischen, antiwestlichen Unterstrom der deutschen Überlieferung; ob auch in Deutschland eine Konvergenz von faschistischem und kommunistischem Nationalismus sich abzeichnet, ist schwer auszumachen. Nationalismus heute ist überholt und aktuell zugleich. Überholt, weil angesichts der zwangsläufigen Verbindung von Nationen zu Großblöcken unter der Suprematie der mächtigsten, wie sie allein schon die Entwicklung der Waffentechnik diktiert, die souveräne Einzelnation, zumindest im fortgeschrittenen kontinentalen Europa, ihre geschichtliche

Substantialität eingebüßt hat. Die Idee der Nation, in der einmal sich die wirtschaftliche Einheit der Interessen freier und selbständiger Bürger gegenüber den territorialen Schranken des Feudalismus zusammenfaßte, ist selbst, gegenüber dem offensichtlichen Potential der Gesamtgesellschaft, zur Schranke geworden. Aktuell aber ist der Nationalismus insofern, als allein die überlieferte und psychologisch eminent besetzte Idee der Nation, stets noch Ausdruck der Interessengemeinschaft in der internationalen Wirtschaft, Kraft genug hat, Hunderte von Millionen für Zwecke einzuspannen, die sie nicht unmittelbar als die ihren betrachten können. Der Nationalismus glaubt sich selbst nicht ganz mehr und wird doch politisch benötigt als wirksamstes Mittel, die Menschen zur Insistenz auf objektiv veralteten Verhältnissen zu bringen. Daher, als ein sich selbst nicht ganz Gutes, absichtsvoll Verblendetes hat er heute die fratzenhaften Züge angenommen. Sie haben ihm, der Erbschaft barbarisch primitiver Stammesverfassungen, freilich nie ganz gefehlt, waren aber doch so lange gebändigt, wie der Liberalismus das Recht der Einzelnen auch real als Bedingung kollektiver Wohlfahrt bestätigte. Erst in einem Zeitalter, in dem er sich bereits überschlug, ist der Nationalismus ganz sadistisch und destruktiv geworden. Schon die Wut der Hitlerschen Welt gegen alles, was anders ist, Nationalismus als paranoides Wahnsystem, war von solchem Schlag; die Attraktionskraft gerade dieser Züge ist heute schwerlich geringer. Paranoia, der Verfolgungswahn, der die anderen verfolgt, auf die er projiziert, was er selber möchte, steckt an. Von kollektiven Wahnvorstellungen wie dem Antisemitismus wird die Pathologie des Einzelnen, der psychisch der Welt nicht mehr gewachsen sich zeigt und auf ein scheinhaftes inneres Königreich zurückgeworfen ist, bestätigt. Sie mögen wohl gar, nach der These des Psychoanalytikers Ernst Simmel, den einzelnen Halbirren davon dispensieren, ein ganzer zu werden. So offen das

Wahnhafte des Nationalismus heute in der vernünftigen Angst vor erneuten Katastrophen zutage liegt, so sehr befördert es seine Ausbreitung. Wahn ist der Ersatz für den Traum, daß die Menschheit die Welt menschlich einrichte, den die Welt der Menschheit hartnäckig austreibt. Mit dem pathischen Nationalismus geht aber alles zusammen, was sich von 1933 bis 1945 zutrug.

Daß der Faschismus nachlebt; daß die vielzitierte Aufarbeitung der Vergangenheit bis heute nicht gelang und zu ihrem Zerrbild, dem leeren und kalten Vergessen, ausartete, rührt daher, daß die objektiven gesellschaftlichen Voraussetzungen fortbestehen, die den Faschismus zeitigten. Er kann nicht wesentlich aus subjektiven Dispositionen abgeleitet werden. Die ökonomische Ordnung und, nach ihrem Modell, weithin auch die ökonomische Organisation verhält nach wie vor die Majorität zur Abhängigkeit von Gegebenheiten, über die sie nichts vermag, und zur Unmündigkeit. Wenn sie leben wollen, bleibt ihnen nichts übrig, als dem Gegebenen sich anzupassen, sich zu fügen; sie müssen eben jene autonome Subjektivität durchstreichen, an welche die Idee von Demokratie appelliert, können sich selbst erhalten nur, wenn sie auf ihr Selbst verzichten. Den Verblendungszusammenhang zu durchschauen, mutet ihnen eben die schmerzliche Anstrengung der Erkenntnis zu, an welcher die Einrichtung des Lebens, nicht zuletzt die zur Totalität ausgebreitete Kulturindustrie, sie hindert. Die Notwendigkeit solcher Anpassung, die zur Identifikation mit Bestehendem, Gegebenem, mit Macht als solcher, schafft das totalitäre Potential. Es wird verstärkt von der Unzufriedenheit und der Wut, die der Zwang zur Anpassung selber produziert und reproduziert. Weil die Realität jene Autonomie, schließlich jenes mögliche Glück nicht einlöst, das der Begriff von Demokratie eigentlich verspricht, sind sie indifferent gegen diese, wofern sie sie nicht insgeheim hassen. Die politische Organisationsform wird als der gesellschaftlichen und ökonomischen Realität unangemessen erfahren; wie man selber sich anpassen muß, so möchte man, daß auch die Formen des kollektiven Lebens sich anpassen, um so mehr, als man von solcher Anpassung das streamlining des Staatswesens als eines Riesenunternehmens im keineswegs so friedlichen Wettbewerb aller sich erwartet. Die, deren reale Ohnmacht andauert, können das Bessere nicht einmal als Schein ertragen; lieber möchten sie die Verpflichtung zu einer Autonomie loswerden, von der sie argwöhnen, daß sie ihr doch nicht nachleben können, und sich in den Schmelztiegel des Kollektiv-Ichs werfen.

Ich habe das Düstere übertrieben, der Maxime folgend, daß heute überhaupt nur Übertreibung das Medium von Wahrheit sei. Mißverstehen Sie meine fragmentarischen und vielfach rhapsodischen Anmerkungen nicht als Spenglerei: die macht selber mit dem Unheil gemeinsame Sache. Meine Absicht war, eine von der glatten Fassade des Alltags verdeckte Tendenz zu bezeichnen, ehe sie die institutionellen Dämme überspült, die ihr einstweilen gesetzt sind. Die Gefahr ist objektiv; nicht primär in den Menschen gelegen. Wie gesagt, vieles spricht dafür, daß Demokratie samt allem, was mit ihr gesetzt ist, die Menschen tiefer ergreift als in der Weimarer Zeit. Indem ich das nicht so Offenbare hervorhob, habe ich vernachlässigt, was doch Besonnenheit mitdenken muß: daß innerhalb der deutschen Demokratie nach 1945 bis heute das materielle Leben der Gesellschaft reicher sich reproduzierte als seit Menschengedenken, und das ist denn auch sozialpsychologisch relevant. Die Behauptung, es stünde nicht schlecht um die deutsche Demokratie und damit um die wirkliche Aufarbeitung der Vergangenheit, wenn ihr nur Zeit genug und viel anderes bleibt, wäre sicherlich nicht allzu optimistisch. Nur steckt im Begriff des Zeithabens etwas Naives und zugleich schlecht Kontemplatives. Weder sind wir bloße Zuschauer der Weltgeschichte, die sich innerhalb ihrer Großräume mehr oder minder unangefochten tummeln können, noch scheint die Weltgeschichte selbst, deren Rhythmus zunehmend dem der Katastrophe sich anähnelt, ihren Subjekten jene Zeit zuzubilligen, in der alles von selber besser werde. Das verweist unmittelbar auf demokratische Pädagogik. Vor allem muß Aufklärung über das Geschehene einem Vergessen entgegenarbeiten, das nur allzu leicht mit der Rechtfertigung des Vergessenen sich zusammenfindet; etwa durch Eltern, die von ihren Kindern die peinliche Frage hören müssen, wie es denn mit dem Hitler gewesen sei, und die daraufhin, schon um sich selbst weißzuwaschen, von den guten Seiten reden und davon, daß es eigentlich gar nicht so schlimm gewesen sei. In Deutschland ist es Mode, auf den politischen Unterricht zu schimpfen, und sicherlich könnte er besser sein, aber der Bildungssoziologie liegen jetzt schon Daten vor, die darauf hinweisen, daß der politische Unterricht, wo er überhaupt mit Ernst und nicht als lästige Pflicht betrieben wird, mehr Gutes stiftet, als man ihm gemeinhin zutraut. Nimmt man jedoch das objektive Potential eines Nachlebens des Nationalsozialismus so schwer, wie ich es glaube nehmen zu müssen, dann setzt das auch der aufklärenden Pädagogik ihre Grenzen. Mag sie nun soziologisch oder psychologisch sein, praktisch erreicht sie ohnehin wohl meist nur die, welche dafür offen und eben darum für den Faschismus kaum anfällig sind. Andererseits jedoch ist es keineswegs überflüssig, auch diese Gruppe gegen die nichtöffentliche Meinung durch Aufklärung zu stärken. Im Gegenteil, man könnte sich wohl vorstellen, daß sich aus ihr so etwas wie Kader bilden, deren Wirken in den verschiedensten Bereichen dann doch das Ganze erreicht, und die Chancen dafür sind um so günstiger, je bewußter sie selbst werden. Selbstverständlich wird Aufklärung bei diesen Gruppen sich nicht bescheiden. Ich will dabei von der sehr schwierigen und mit größter Verantwortung belastenden Frage absehen, wie weit es geraten sei, bei Versuchen zu öffentlicher Aufklärung aufs Vergangene einzugehen, und ob nicht gerade die Insistenz darauf trotzigen Widerstand und das Gegenteil dessen bewirke, was sie bewirken soll. Mir selbst will es eher scheinen, das Bewußte könne niemals so viel Verhängnis mit sich führen wie das Unbewußte, das Halb- und Vorbewußte. Es kommt wohl wesentlich darauf an, in welcher Weise das Vergangene vergegenwärtigt wird; ob man beim bloßen Vorwurf stehenbleibt oder dem Entsetzen standhält durch die Kraft, selbst das Unbegreifliche noch zu begreifen. Dazu bedürfte es freilich einer Erziehung der Erzieher. Sie wird aufs schwerste dadurch beeinträchtigt, daß das, was in Amerika behavioural sciences genannt wird, in Deutschland einstweilen gar nicht oder nur äußerst dürftig vertreten ist. Dringend wäre zu fordern, daß man an den Universitäten eine Soziologie verstärkt, die zusammenfiele mit der geschichtlichen Erforschung unserer eigenen Periode. Pädagogik müßte, anstatt mit Tiefsinn aus zweiter Hand übers Sein des Menschen zu schwafeln, eben der Aufgabe sich annehmen, deren unzulängliche Behandlung man der re-education so eifrig vorwirft. Kriminologie hat in Deutschland den modernen Standard überhaupt noch nicht erreicht. Vor allem aber ist an die Psychoanalyse zu denken, die nach wie vor verdrängt wird. Entweder fehlt sie ganz, oder man hat sie durch Richtungen ersetzt, die, während sie sich rühmen, das vielgescholtene neunzehnte Jahrhundert zu überwinden, in Wahrheit hinter die Freudsche Theorie zurückfallen, womöglich sie in ihr eigenes Gegenteil verkehren. Ihre genaue und unverwässerte Kenntnis ist aktueller als je. Der Haß gegen sie ist unmittelbar eins mit dem Antisemitismus, keineswegs bloß weil Freud Jude war, sondern weil Psychoanalyse genau in jener kritischen Selbstbesinnung besteht, welche die Antisemiten in Weißglut versetzt. So wenig, allein schon des Zeitfaktors wegen, etwas wie eine Massenanalyse sich durchführen läßt, so heilsam wäre doch, fände strenge Psychoanalyse ihre institutionelle Stelle, ihr Einfluß auf das geistige Klima in Deutschland, auch wenn er bloß darin bestünde, daß es zur Selbstverständlichkeit wird, nicht nach außen zu schlagen, sondern über sich selbst und die eigene Beziehung zu denen zu reflektieren, gegen die das verstockte Bewußtsein zu wüten pflegt. Jedenfalls aber sollten Versuche, dem objektiven Potential des Verhängnisses subjektiv entgegenzuarbeiten, nicht mit Berichtigungen sich begnügen, welche die Schwere dessen, wogegen anzugehen ist, kaum in Bewegung setzen würden. Hinweise etwa auf die großen Leistungen von Juden in der Vergangenheit, so wahr sie auch sein mögen, nützen kaum viel, sondern schmecken nach Propaganda. Propaganda aber, die rationale Manipulation des Irrationalen, ist das Vorrecht der Totalitären. Die diesen widerstehen, sollten nicht sie nachahmen auf eine Weise, die sie doch nur notwendig ins Hintertreffen brächte. Lobreden auf die Juden, welche diese als Gruppe absondern, geben selber dem Antisemitismus allzuviel vor. Dieser läßt darum nur so schwer sich widerlegen, weil die psychische Ökonomie zahlloser Menschen seiner bedurfte und, abgeschwächt, vermutlich seiner heute noch bedarf. Was immer propagandistisch geschieht, bleibt zweideutig. Man hat mir die Geschichte einer Frau erzählt, die einer Aufführung des dramatisierten Tagebuchs der Anne Frank beiwohnte und danach erschüttert sagte: ja, aber *das* Mädchen hätte man doch wenigstens leben lassen sollen. Sicherlich war selbst das gut, als erster Schritt zur Einsicht. Aber der individuelle Fall, der aufklärend für das furchtbare Ganze einstehen soll, wurde gleichzeitig durch seine eigene Individuation zum Alibi des Ganzen, das jene Frau darüber vergaß. Das Vertrackte solcher Beobachtungen bleibt, daß man nicht einmal um ihretwillen Aufführungen des Anne Frank-Stücks, und Ähnlichem, widerraten kann, weil ihre Wirkung ja doch, so viel einem daran auch widerstrebt, so sehr es auch an der Würde der Toten zu freveln scheint, dem Potential des Besseren zufließt. Ich glaube auch nicht, daß durch Gemeinschaftstreffen, Begegnungen zwischen jungen Deutschen und jungen Israelis und andere Freundschaftsveranstaltungen allzuviel geschafft wird, so wünschbar solcher Kontakt auch bleibt. Man geht dabei allzusehr von der Voraussetzung aus, der Antisemitismus habe etwas Wesentliches mit den Juden zu tun und könne durch konkrete Erfahrungen mit Juden bekämpft werden, während der genuine Antisemit vielmehr dadurch definiert ist, daß er überhaupt keine Erfahrung machen kann, daß er sich nicht ansprechen läßt. Ist der Antisemitismus primär objektiv-gesellschaftlich begründet, und dann in den Antisemiten, dann hätten diese wohl, im Sinn des nationalsozialistischen Witzes, die Juden erfinden müssen, wenn es sie gar nicht gäbe. Soweit man ihn in den Subjekten bekämpfen will, sollte man nicht zuviel vom Verweis auf Fakten erwarten, die sie vielfach nicht an sich heranlassen, oder als Ausnahmen neutralisieren. Vielmehr sollte man die Argumentation auf die Subjekte wenden, zu denen man redet. Ihnen wären die Mechanismen bewußt zu machen, die in ihnen selbst das Rassevorurteil verursachen. Aufarbeitung der Vergangenheit als Aufklärung ist wesentlich solche Wendung aufs Subjekt, Verstärkung von dessen Selbstbewußtsein und damit auch von dessen Selbst. Sie sollte sich verbinden mit der Kenntnis der paar unverwüstlichen Propagandatricks, die genau auf jene psychologischen Dispositionen abgestimmt sind, deren Vorhandensein in den Menschen wir unterstellen müssen. Da diese Tricks starr sind und von begrenzter Zahl, so bereitet es keine gar zu großen Schwierigkeiten, sie auszukristallisieren, bekanntzumachen und für eine Art von Schutzimpfung zu verwenden. Das Problem des praktischen Vollzugs solcher subjektiven Aufklärung könnte wohl nur eine gemeinsame Anstrengung von Pädagogen und Psychologen lösen, die nicht unterm Vorwand wissenschaftlicher Objektivität der dringendsten Aufgabe sich entziehen, die ihren Disziplinen heute gestellt ist. Angesichts der objektiven Gewalt hinter dem fortlebenden Potential jedoch wird die subjektive Aufklärung, auch wenn sie mit ganz anderer Energie und in ganz anderen Tiefendimensionen angegriffen wird als bisher, nicht ausreichen. Will man objektiv der objektiven Gefahr etwas entgegenstellen, so genügt dafür keine bloße Idee, auch nicht die von Freiheit und Humanität, die ja, wie man mittlerweile gelernt hat, in ihrer abstrakten Gestalt den Menschen nicht eben gar zu viel bedeutet. Knüpft das faschistische Potential an ihre, sei's auch noch so begrenzten, Interessen an, dann bleibt das wirksamste Gegenmittel der durch seine Wahrheit einleuchtende Verweis auf ihre Interessen, und zwar auf die unmittelbaren. Man machte sich schon wirklich des spintisierenden Psychologismus schuldig, wenn man bei derlei Bemühungen sich darüber hinwegsetzte, daß der Krieg und das Leiden, das er über die deutsche Bevölkerung brachte, zwar nicht hinreichte, jenes Potential zu tilgen, aber ihm gegenüber doch ins Gewicht fällt. Erinnert man die Menschen ans Allereinfachste: daß offene oder verkappte faschistische Erneuerungen Krieg, Leiden und Mangel unter einem Zwangssystem, am Ende vermutlich die russische Vorherrschaft über Europa zeitigen; kurz, daß sie auf Katastrophenpolitik hinauslaufen, so wird sie das tiefer beeindrucken als der Verweis auf Ideale oder selbst der auf das Leid der anderen, mit dem man ja, wie schon Larochefoucauld wußte, immer verhältnismäßig leicht fertig wird. Gegenüber dieser Perspektive bedeutet das gegenwärtige malaise kaum mehr als den Luxus einer Stimmung. So vergessen aber sind Stalingrad und die Bombennächte trotz aller Verdrängung nicht, daß man den Zusammenhang zwischen einer Wiederbelebung der Politik, die es dahin brachte, und der Aussicht auf einen dritten Punischen Krieg nicht allen verständlich machen könnte. Auch wenn das gelingt, besteht die Gefahr fort. Aufgearbeitet wäre die Vergangenheit erst dann, wenn die Ursachen des Vergangenen beseitigt wären. Nur weil die Ursachen fortbestehen, ward sein Bann bis heute nicht gebrochen.

Meinung Wahn Gesellschaft

Der Begriff der *öffentlichen* Meinung wird, trotz seiner Mehrdeutigkeit, weithin positiv akzeptiert. Der von der Philosophie seit Platon tradierte von Meinung *überhaupt* ist insofern neutral, wertfrei, als ihm zufolge Meinungen richtig oder falsch sein können. Beidem steht die Vorstellung von pathogenen, abartigen, wahnhaften Meinungen gegenüber, oft verbunden mit dem Begriff des Vorurteils. Nach dieser schlichten Zweiteilung soll es auf der einen Seite etwas wie gesunde, normale Meinung geben, auf der anderen solche extremer, exzentrischer, bizarrer Natur. In Amerika heißen etwa die Ansichten faschistischer Splittergruppen die eines *lunatic fringe*, eines verrückten Randes der Gesellschaft. Seine Pamphlete, zu deren Gedankengut trotz aller Widerlegung die Ritualmorde und die Protokolle der Weisen von Zion zählen, gelten als ‚skurril'. Tatsächlich läßt ein Moment des Irren an solchen Produkten kaum sich übersehen, das allerdings wohl gerade das Ferment ihrer Wirkung ist. Eben das jedoch sollte gegen eine eingeschliffene Konsequenz der verbreiteten Vorstellung mißtrauisch machen: daß die normale Meinung bei der Majorität über die wahnhafte notwendig siege. Nicht anders dachte sich der naiv liberale Leser des Berliner Tageblatts zwischen den beiden Kriegen die Welt, als eine des common sense, die zwar von rabiaten Leuten rechts und links gestört werde, aber doch Recht behalten müsse. So groß war das Vertrauen in die normale Meinung gegenüber der fixen Idee, daß manche älteren Herren ihrem Leibblatt weiterhin trauten, als es längst von den Nationalsozialisten gleichgeschaltet war, die nur noch, schlau genug, die alte Titeltype beibehielten. Die Erfahrung, die jene Abonnenten zu machen hatten, als ihre Besonnenheit, sobald es nicht mehr nach den approbierten Spielregeln zuging, von einem Tag zum anderen in hilflose Torheit sich verkehrte, sollte aber zur kritischen Besinnung auf ein argloses Bild von Meinung als solcher nötigen, das eine normale und eine abnorme friedlich und unverbunden nebeneinander ausmalt. Nicht bloß ist die Annahme, vorweg sei das Normale wahr und das Abweichende falsch, überaus dubios, selber die Glorifizierung bloßer Meinung, nämlich der herrschenden, die das Wahre nicht anders zu denken vermag denn als das, was alle denken. Sondern die sogenannte pathische Meinung, die Deformationen des Vorurteils, des Aberglaubens, des Gerüchts, des kollektiven Wahns, wie sie die Geschichte, und zumal die aller Massenbewegungen, durchwachsen, sind vom Begriff der Meinung gar nicht zu trennen. Schwer fiele es, a priori zu entscheiden, was zum einen oder anderen rechnet; die Geschichte enthält auch das Potential, daß hoffnungslos isolierte und ohnmächtige Ansichten durch den Verlauf sei es als vernünftig verifiziert werden, sei es trotz ihrer Absurdität zur Herrschaft gelangen. Darüber hinaus jedoch entspringt die pathische Meinung, das Deformierte und Aberwitzige von Kollektivideen, in der Dynamik des Begriffs der Meinung selbst, in der wiederum die reale Dynamik der Gesellschaft steckt, die solche Meinungen, die falsches Bewußtsein notwendig produziert. Soll der Widerstand dagegen nicht von Anbeginn zur Harmlosigkeit und Hilflosigkeit verurteilt sein, so ist die Tendenz zur pathischen Meinung aus der normalen herauszulesen.

Meinung ist die wie immer auch eingeschränkte Setzung eines subjektiven, in seinem Wahrheitsgehalt beschränkten Bewußtseins als gültig. Die Gestalt solcher Meinung mag wirklich harmlos sein. Sagt jemand, er meine, das neue Fakultätsgebäude sei sieben Stockwerke hoch, so kann das bedeuten, er habe das von Dritten gehört, wisse es aber nicht genau. Ganz anderen Sinnes ist, wenn jemand sagt, er jedenfalls meine, daß die Juden eine mindere Rasse von Schädlingen seien, wie in Sartres instruktivem Beispiel vom Onkel Armand, der darum sich als etwas fühlt, weil er die Engländer verabscheut. Hier schränkt das ‚Ich meine' nicht das hypothetische Urteil ein, sondern unterstreicht es. Indem so einer seine untriftige, durch keine Erfahrung erhärtete, durch keine Überlegungen bündige Meinung als die seine proklamiert, verleiht er ihr, mag er sie auch scheinbar einschränken, gerade durch die Beziehung auf ihn selbst als Subjekt Autorität, die des Bekenntnisses. Durchschimmert, daß er mit Leib und Seele dahintersteht; er habe die Zivilcourage, Unbeliebtes, in Wahrheit freilich nur allzu Beliebtes zu sagen. Umgekehrt ist ebenso verbreitet die Neigung, wenn man auf ein triftiges und begründetes Urteil stößt, das einem unbequem ist, ohne daß man es doch widerlegen könnte, es dadurch zu disqualifizieren, daß man es als bloße Meinung hinstellt. In einem Vortrag zum hundertsten Todestag Schopenhauers[1] war mit Evidenz ausgeführt worden, daß die Differenz zwischen Schopenhauer und Hegel nicht so absolut sei, wie sie nach Schopenhauers Invektiven erscheint, und daß in dem emphatischen Begriff der Negativität des Daseins die beiden, ohne es von sich selbst zu wissen, sich berühren. Ein Zeitungsschreiber, der von Hegel nichts anderes mag gewußt haben, als daß Schopenhauer auf ihn schimpfte, versah in seinem Bericht jene These des Vortragenden mit einem ‚nach seiner Ansicht', durch das der Reporter sich das Air der Überlegenheit über Gedanken zulegte, die er schwerlich mitdenken oder gar überprüfen konnte. Meinung war die des Reporters, nicht die des Vortragenden: dieser hatte etwas erkannt; während aber der Reporter ihn der bloßen Meinung verdächtigte, hatte er selber bereits zu

1 Vgl. Max Horkheimer, in: *Sociologica II, Reden und Vorträge, Frankfurter Beiträge zur Soziologie*, Bd. 10, Frankfurt 1962, S. 124 ff.

seinem Vorteil einem Mechanismus gehorcht, der die Meinung, nämlich seine unmaßgeblich eigene, als Kriterium der Wahrheit unterschiebt, die sie virtuell abschafft.

Bei harmlosen Meinungen wie der dessen, der nicht genau weiß, wie viele Stockwerke das neue Gebäude hat, bleibt es selten. Zwar kann das Individuum an seiner Meinung Reflexion üben und sich hüten, sie zu hypostasieren. Die Kategorie der Meinung selbst aber, als eine objektive Stufe des Geistes, ist gepanzert gegen solche Reflexion. Das läßt zunächst auf einfache Tatbestände der individuellen Psychologie sich zurückführen. Wer eine Meinung hat über eine Frage, die einigermaßen offen ist, nicht vorentschieden; deren Beantwortung nicht ebenso leicht sich überprüfen läßt wie die Anzahl der Stockwerke eines Gebäudes, neigt dazu, sich in diese Meinung festzumachen oder, nach der Sprache der Psychoanalyse, sie affektiv zu besetzen. Töricht wäre, wer immer von dieser Neigung sich freispräche. Sie beruht auf *Narzißmus*, also darauf, daß die Menschen bis heute dazu gehalten sind, ein Maß ihrer Liebesfähigkeit nicht etwa geliebten Anderen zuzuwenden, sondern sich selber, auf eine verdrückte, uneingestandene und darum giftige Weise zu lieben. Was einer für eine Meinung hat, wird als sein Besitz zu einem Bestandstück seiner Person, und was die Meinung entkräftet, wird vom Unbewußten und Vorbewußten registriert, als werde ihm selber geschadet. Rechthaberei, der Hang der Menschen, törichte Meinungen selbst dann hartnäckig zu verteidigen, wenn ihre Falschheit rational einsichtig geworden ist, bezeugt die Verbreitung des Sachverhalts. Der Rechthaber entwickelt, um nur ja die narzißtische Schädigung von sich fern zu halten, die ihm durch die Preisgabe der Meinung widerfährt, einen Scharfsinn, der oft weit seine intellektuellen Verhältnisse übersteigt. Die Klugheit, die in der Welt aufgewandt wird, um narzißtisch Unsinn zu verteidigen, reichte wahrscheinlich aus, das Verteidigte zu verändern. Vernunft im Dienst der Unvernunft – nach Freuds Sprache: die Rationalisierung – springt der Meinung bei und verhärtet sie so, daß sich weder mehr daran rühren läßt, noch ihre Absurdität offenbar wird. Über den aberwitzigsten Meinungen wurden erhabene Lehrgebäude errichtet. Man mag bei der Genese solcher verhärteten Meinung – und sie ist eins mit deren Pathogenese – über die Psychologie hinausgehen. Die Setzung einer Meinung, die bloße Aussage, irgend etwas sei so, enthält potentiell bereits Fixierung, Verdinglichung, noch ehe die psychologischen Mechanismen ins Spiel kommen, welche die Meinung zum Fetisch verhexen. Die logische Form des Urteils, gleichgültig, ob richtig oder falsch, hat in sich etwas Herrschaftliches, Verfügendes, das dann in der Insistenz auf Meinungen als auf einem Besitz sich widerspiegelt. Überhaupt eine Meinung haben, urteilen, dichtet sich schon in gewissem Maß gegen die Erfahrung ab und tendiert zum Wahn, während andererseits doch nur der zum Urteil Fähige Vernunft hat: das ist vielleicht der tiefste und untilgbare Widerspruch im Meinen.

Ohne festgehaltene Meinung, ohne Hypostasis eines nicht ganz Erkannten, ohne Hinnahme von etwas als Wahrheit, von dem man gar nicht durchaus weiß, ob es die Wahrheit sei, ist Erfahrung, ja die Erhaltung des Lebens kaum möglich. Der verängstigte Fußgänger, der eine Straße überschreitet und, bei gelbem Licht, urteilt, wenn er jetzt noch hinübergehe, werde er überfahren werden, ist nicht ganz sicher, ob das wirklich geschehen wird. Das nächste Auto könnte einmal einen humanen Fahrer haben, der noch nicht auf den Gashebel tritt. Aber im Augenblick, in dem der Fußgänger darauf sich verließe und gegen das Licht die Straße überschritte, nur weil er kein Prophet sei, würde er mit größter Wahrscheinlichkeit getötet. Um so sich zu verhalten, wie es der gesunde Menschenverstand der Selbsterhaltung von ihm verlangt, muß er gleichsam übertreiben.

Alles Denken ist Übertreibung, insofern als jeder Gedanke, der überhaupt einer ist, über seine Einlösung durch gegebene Tatsachen hinausschießt. In dieser Differenz zwischen Gedanken und Einlösung nistet aber wie das Potential der Wahrheit so auch das des Wahns. Darauf dann, daß überhaupt keinem Gedanken jemals die Garantie beigegeben sei, ob nicht die Erwartung enttäuscht werde, die er enthält, kann der Wahn erst recht sich berufen. Isoliert bündige, absolut zuverlässige Einzelkriterien gibt es nicht, die Entscheidung ist nur durch ein Gefüge komplexer Vermittlungen hindurch zu fällen. Husserl hat einmal darauf hingewiesen, daß der Einzelne zahllose Sätze als gültig unterstellen muß, die er weder auf ihre Bedingungen zurückführen noch ganz verifizieren kann. Der tägliche Umgang mit der Technik, der ja längst kein Privileg von Fachausbildung mehr ist, zeitigt unablässig solche Situationen. Der Unterschied von Meinung und Einsicht, nämlich daß die Einsicht die verifizierte Meinung sei, so wie es die übliche Erkenntnistheorie lehrt, war meist eine leere Versprechung, der die tatsächlichen Erkenntnisakte selten sich anmaßen; die Menschen sind individuell und kollektiv genötigt, auch mit Meinungen zu operieren, die ihrer Prüfung prinzipiell entzogen sind. Indem aber der Unterschied von Meinung und Einsicht dadurch selbst der lebendigen Erfahrung entgleitet und als abstrakte Behauptung fern am Horizont hängt, büßt er zumindest subjektiv, im Bewußtsein der Menschen, seine Substanz ein. Sie verfügen über kein Mittel, sich prompt dagegen zu schützen, daß sie ihre Meinungen für Einsichten und Einsichten für bloße Meinung halten. Haben die Philosophen seit Heraklit auf den Vielen herumgehackt, die in der bloßen Meinung befangen blieben, anstatt das wahre Wesen der Dinge zu erkennen, so hat ihr Elite-Denken der *underlying population* nur eine Schuld aufgebürdet, die bei der Einrichtung der Gesellschaft liegt. Denn die Instanz, welche den Menschen die ad Kalendas Graecas verschobene Entscheidung über Meinung und Wahrheit abnimmt, ist die Gesellschaft. Die communis opinio substituiert die Wahrheit, faktisch, schließlich indirekt auch in manchen positivistischen Erkenntnistheorien. Über das, was wahr und was bloße Meinung, nämlich Zufall und Willkür sein soll, entscheidet nicht, wie die Ideologie es will, die Evidenz sondern die gesellschaftliche Macht, die das als bloße Willkür denunziert, was mit ihrer eigenen Willkür nicht zusammenstimmt. Die Grenze zwischen der gesunden und der pathogenen Meinung wird in praxi von der geltenden Autorität gezogen, nicht von sachlicher Einsicht.

Je mehr diese Grenze verfließt, desto ungehemmter wuchert die Meinung fort. Ihr Korrektiv, das, wodurch sie zur Erkenntnis werden kann, ist die Beziehung des Gedankens zu seinem Gegenstand. Indem er mit diesem sich sättigt, verändert er sich und entäußert sich des Moments der Beliebigkeit; Denken ist keine bloß subjektive Tätigkeit, sondern wesentlich, als was die Philosophie auf ihrer Höhe es wußte, der dialektische Prozeß zwischen Subjekt und Objekt, in dem beide Pole sich selbst überhaupt erst bestimmen. Auch das Organ des Denkens, Klugheit, besteht nicht allein in der formalen Kraft des subjektiven Vermögens, Begriffe, Urteile, Schlüsse korrekt zu bilden, sondern zugleich in der Fähigkeit, dies Vermögen an das zu wenden, was ihm selbst nicht gleicht. Das von der Psychologie ‚Kathexis' genannte Moment, die Besetzung des Objekts im Denken, ist diesem nicht äußerlich, nicht nur psychologisch, sondern die Bedingung seiner Wahrheit. Wo es verkümmert, verdummt die Intelligenz. Blindheit gegen den Unterschied von Wesentlichem und Unwesentlichem ist dafür ein erster Index. Etwas von dieser Dummheit triumphiert, wann immer die Denkmechanismen sich selbst entrollen, leerlaufen, ihre Formalismen und Ordnungsbestimmungen anstelle der Sache setzen. Spuren dessen trägt die Meinung, die sich in sich festmacht und widerstandslos weitergeht. Meinung ist zunächst Bewußtsein, das seinen Gegenstand noch nicht hat. Schreitet aber solches Bewußtsein lediglich vermöge des eigenen Motors fort, ohne Fühlung mit dem, was es meint und was es eigentlich erst fassen soll, so wird es ihm zu leicht. Meinung, als die von ihrem Gegenstand noch getrennte ratio, gehorcht einer Art von Kräfteökonomie, folgt der Linie des geringsten Widerstands, wenn sie undurchbrochen der bloßen Konsequenz sich überläßt. Diese erscheint ihr ein Verdienst, während sie vielfach nur Mangel dessen ist, was Hegel die »Freiheit zum Objekt« nannte, nämlich die des Gedankens dazu, in der Sache sich selbst zu vergessen und sich zu verändern. Brecht hat dem sehr drastisch den Grundsatz kontrastiert, wer A sagt, müsse nicht B sagen. Bloße Meinung neigt zu jenem Nicht-aufhören-Können, das pathische Projektion heißen darf[2].

Zugleich aber ist die permanente Wucherung des Meinens vom Objekt her motiviert. Die Undurchsichtigkeit der Welt nimmt offenbar für das naive Bewußtsein zu, während sie in so vielem durchsichtiger wird. Ihre Übermacht, welche es verwehrt, die dünne Fassade zu durchstoßen, verstärkt solche Naivetät, anstatt daß sie, wie der arglose Bildungsglaube es möchte, geringer würde. An was aber Erkenntnis nicht heranreicht, dessen bemächtigt sich die Meinung als deren Ersatz. Trügend räumt sie die Fremdheit zwischen dem erkennenden Subjekt und der ihm entgleitenden Realität weg. Dabei verrät sich in der Inadäquanz der bloßen Meinung jene Entfremdung selber. Weil dies nicht unsere Welt, weil sie heteronom ist, deshalb kann sie in der verbissenen und hartnäckigen Meinung nur verzerrt sich ausdrücken, und solcher Wahn in der Meinung

2 Vgl. Max Horkheimer und Th. W. Adorno, *Dialektik der Aufklärung*, Amsterdam 1947, S. 220 ff.

tendiert dann wiederum dazu, schließlich in totalitären Systemen die Übermacht des Entfremdeten zu vermehren. Darum genügt es weder für die Erkenntnis noch für eine verändernde Praxis, auf den Nonsens der unsäglich populären Anschauungen hinzuweisen, nach denen Menschen sich den Charakterologien und Prognosen unterwerfen, die eine kommerziell wiedererweckte und standardisierte Astrologie an die Tierkreiszeichen knüpft[3]. Nicht einfach deshalb werden die Menschen sich selbst zum Stier und zur Jungfrau, weil sie so dumm sind, der Suggestion der Zeitungsspalten zu gehorchen, die als selbstverständlich unterstellen, etwas sei daran, sondern weil ihnen jene Clichés, und die stupiden Anweisungen zu einem Leben, die bloß verdoppeln, was sie ohnehin müssen, ihnen wie sehr auch scheinhaft die Orientierung erleichtern und momentan das Gefühl ihrer Fremdheit dem Leben, auch dem eigenen gegenüber beschwichtigen. Die Resistenzkraft der bloßen Meinung erklärt sich aus deren psychischer Leistung. Sie bietet Erklärungen an, durch die man die widerspruchsvolle Wirklichkeit widerspruchslos ordnen kann, ohne sich groß dabei anzustrengen. Hinzu kommt die narzißtische Befriedigung, welche die Patentmeinung gewährt, indem sie ihre Anhänger darin bestärkt, sie hätten es immer gewußt und gehörten zu den Wissenden. Das Selbstvertrauen der unentwegt Meinenden fühlt sich gefeit gegen jedes abweichende konträre Urteil. Diese psychische Leistung wird aber von pathischen Meinungen weit besser erfüllt als von den angeblich gesunden. Karl Mannheim hat einmal darauf aufmerksam gemacht, wie genial der Rassewahn dadurch ein massenpsychologisches Bedürfnis befriedige, daß er es der Majorität erlaubt, sich als Elite zu fühlen und für die Ahnung ihrer Ohn-

3 Vgl. Theodor W. Adorno, Aberglaube aus zweiter Hand, in: *Sociologica II*, a.a.O., S. 142 ff.

macht und Inferiorität an einer potentiell wehrlosen Minorität sich zu rächen. Die Ich-Schwäche heute, die gar nicht nur psychologisch ist, sondern in der der seelische Mechanismus die reale Ohnmacht des Einzelnen gegenüber der vergesellschafteten Apparatur registriert, wäre einem unerträglichen Maß an narzißtischer Kränkung ausgesetzt, wenn sie nicht, durch Identifikation mit der Macht und Herrlichkeit des Kollektivs, sich einen Ersatz suchen würde. Eben dazu taugen die pathischen Meinungen, die unaufhaltsam aus dem infantil narzißtischen Vorurteil hervorgehen, man selber sei gut und was anders ist, minderwertig und schlecht.

Die Entwicklung der Meinung zur pathischen erinnert an jene Dinosaurier, deren Geschichte, mit zunehmender Spezialisierung der Organe, die sie immer besser für den Kampf ums Dasein ausstattete, in der Endphase Mißbildung und Auswüchse hervorbrachte. Man nähme solche Entwicklung zu leicht, wenn man sie lediglich von den Menschen, ihrer Psychologie, allenfalls einer Tendenz des Denkens selbst herleiten wollte. Die Zersetzung von Wahrheit durch Meinung samt all dem Verhängnis, das sie involviert, weist zurück auf das, was, zwangvoll und keineswegs als widerrufliche Aberration, mit der Idee von Wahrheit selber sich zutrug. Diese Idee, als die eines Objektiven, unveränderlich sich selbst Gleichbleibenden, Einheitlichen und an sich Seienden, war das Maß, an dem Platon den Gegenbegriff der bloßen Meinung abgelesen und diese als fragwürdig Subjektives kritisiert hatte. Die Geschichte des Geistes aber hat diesen starren Gegensatz von den Ideen als dem Wahren, und dem bloß Seienden, in dessen Bann die hinfälligen Meinungen gefangen sind, nicht unproblematisch stehen lassen. Aristoteles schon wandte ein, daß Idee und Dasein durch keinen Abgrund getrennt, sondern wechselseitig aufeinander verwiesen sind. Kritik hat in zunehmendem Maße die Idee der an

sich seienden Wahrheit, die bei Platon der Meinung, der *doxa,* entgegensteht, selber als bloße Meinung angegriffen und die Frage nach der objektiven Wahrheit zurückgewandt auf das Subjekt, das da erkennen, vielleicht gar solche Wahrheit aus sich heraus erzeugen soll. Auf ihrer Höhe in Kant und Hegel hat die spätere abendländische Metaphysik versucht, die Objektivität von Wahrheit durch ihre Subjektivierung hindurch zu erretten, ja sie dem Inbegriff von Subjektivität, dem Geist gleichzusetzen. Diese Konzeption hat aber weder in den Menschen noch gar in der Wissenschaft sich durchgesetzt. Die Naturwissenschaften verdanken ihre bestechendsten Erfolge gerade einer Preisgabe der Lehre von der Selbständigkeit der Wahrheit, der reinen Formen, und der rückhaltlosen Einschränkung des Wahren auf primär subjektiv beobachtete, dann verarbeitete Tatsachen. Damit ist der Lehre von der an sich seienden Wahrheit etwas von ihrer eigenen Unwahrheit heimgezahlt worden, von jenem Übermut des Subjekts, das sich selbst schließlich zur Objektivität und zur Wahrheit aufwirft und eine Gleichheit oder Versöhntheit von Subjekt und Objekt behauptet, die vom widerspruchsvollen Charakter der Welt Lügen gestraft wird.
Neuerdings wird die Aporie des objektiven Vernunftbegriffs obskurantistisch ausgeschlachtet. Weil man nicht wie mit einem Verwaltungsakt unmittelbar, absolut ausmachen kann, was Wahrheit und was Meinung sei, wird der Unterschied zum höheren Ruhm der Meinung schlechthin geleugnet. Die Fusion von Skepsis und Dogmatismus, deren bereits Kant gewahr wurde, und deren Überlieferung bis in die Anfänge des bürgerlichen Denkens, bis zu Montaignes Verteidigung von Sebond zurückzuverfolgen wäre, feiert fröhliche Urständ in einer Gesellschaft, die vor der eigenen Vernunft zittern muß, weil es noch nicht Vernunft ist. Eingespielt hat sich dafür die Formel: Vernunftglaube. Weil ein jedes Urteil verlange, daß das

Subjekt das Geurteilte annehme, also daran glaube, sei der Unterschied zwischen bloßer Meinung oder Glauben, und gegründetem Urteil überhaupt hinfällig. Wer rational sich verhalte, der glaube an die ratio ebenso wie der Irrationale an sein Dogma. Deshalb sei das dogmatische Bekenntnis zu einem vermeintlich Geoffenbarten vom selben Wahrheitsgehalt wie die vom Dogma emanzipierte Einsicht. In der Abstraktheit der These versteckt sich ihr Trug. Glaube hier und dort ist ein ganz Verschiedenes: beim Dogma ein sich Festmachen in Sätze, die wider die Vernunft gehen oder ihr inkompatibel sind, bei der Vernunft nichts anderes als die Verpflichtung auf eine Verhaltensweise des Geistes, die nicht gewalttätig sich sistiert oder durchstreicht, sondern in der Negation der falschen Meinung bestimmt sich fortbewegt. Vernunft ist unter keinen allgemeineren Begriff von Glauben oder Meinung zu subsumieren. Sie hat ihren spezifischen Gehalt an der Kritik dessen, was unter diese Kategorien fällt und an sie sich bindet. Das individuelle Moment des Für-wahr-Haltens, das im übrigen gerade auch die geschärfte Theologie als insuffizient von sich weist, ist der Vernunft unwesentlich. Ihr Interesse ist die Erkenntnis; nicht, wofür diese sich hält. Ihre Richtung führt das Subjekt von sich weg, anstatt es in seinen ephemeren Überzeugungen zu bestärken. Bloß in schlecht souveräner Äußerlichkeit lassen Meinung und Einsicht aufs Gemeinsame subjektiver Zueignung eines Bewußtseinsinhalts sich nivellieren; eher ist dies je Gemeinsame, die subjektive Beschlagnahme, bereits der Übergang zum Falschen. In der Motivationsweise eines jeglichen Einzelsatzes, wie fehlbar auch immer er sei, tritt der Unterschied konkret hervor. Mit schöner Unbefangenheit, die auch durch den allzu psychologischen Ton nicht getrübt wird, hat Arthur Schnitzler vor einem Menschenalter aufgezeichnet: »Es ist meist bewußte Unaufrichtigkeit, die Dogmen der Kirche mit den Dogmen der

Wissenschaft, selbst wo diese zweifelhaft sein sollten, auf eine Stufe zu stellen. Was – selbst zu Unrecht – als wissenschaftliches Dogma gilt, verdankt seinen Rang in jedem Falle der Ehrlichkeit und der Mühe von Denkern und Forschern und der Nachprüfung von Hunderttausenden Beobachtungen. Das kirchliche Dogma ist im allerbesten Falle die gutgläubige Behauptung eines Visionärs, an die zu glauben Hunderttausende oft nur durch Terrorismus gezwungen werden.«[4] Hinzuzufügen wäre dem freilich, daß Vernunft, will sie nicht tatsächlich zweitem Dogmatismus sich verschreiben, auch auf den Begriff von Wissenschaft kritisch zu reflektieren hätte, den Schnitzler noch einigermaßen naiv unterstellte. In solcher Reflexion hat Philosophie ihre Stätte; als sie noch auf sich vertraute, war ihr Wissenschaft nichts anderes, als was solche Selbstreflexion vollbringt, und daß auf diese verzichtet wird, ist selbst Symptom der Rückbildung aufs bloße Meinen.
Denn das geschwächte und der Realität immer hörigere Bewußtsein verliert mittlerweile die Fähigkeit, jene Anspannung der Reflexion zu leisten, die ein Begriff von Wahrheit fordert, der nicht dinghaft und abstrakt der bloßen Subjektivität gegenübersteht, sondern sich entfaltet durch Kritik, kraft der wechselseitigen Vermittlung von Subjekt und Objekt. Im Namen der Wahrheit also, die den Wahrheitsbegriff als eine Schimäre, ein Stück übriggebliebener Mythologie liquidiert, wird die Unterscheidung von Wahrheit und Meinung selbst immer prekärer. Gewiß stellt das gesellschaftliche Bewußtsein, das längst vom philosophischen wie von einer Spezialbranche sich abgeschieden hat, solche Erwägungen nicht an. Aber sie spiegeln sich wider in den Verfahrungsweisen der Forschung, die zum Modell von Erkenntnis überhaupt, im

4 Arthur Schnitzler, Bemerkungen. Aus dem Nachlaß, in: *Die neue Rundschau*, 73. Jhrg. 1962, zweites und drittes Heft, S. 350.

Gegensatz zu bloßer Meinung wurde. Daher ihre Gewalt. Vorgänge, die, wenn man so reden darf, im Inneren des philosophischen Begriffs sich zutragen, haben ihre Konsequenzen für das alltägliche, zumal das gesellschaftliche Bewußtsein. Stillschweigend verzichtet es auf eine Unterscheidung von Wahrheit und Meinung, welche die Bewegung des Geistes nicht unberührt ließ. Dem gewitzigten Bewußtsein wird Wahrheit vielfach so zur Meinung wie jenem Journalisten. Meinung aber substituiert sich als Wahrheit. Anstelle der zugleich problematischen und verpflichtenden Idee von Wahrheit an sich tritt die bequemere der Wahrheit für uns, sei es für alle, sei es wenigstens für viele. »Thirteen million Americans can't be wrong«, heißt ein beliebter Reklameslogan, getreueres Echo des Geistes der Epoche, als dem abgekapselten Stolz derer recht ist, die als Kulturelite sich fühlen. Der Durchschnitt der Meinung wird – mit der gesellschaftlichen Macht, die in ihm sich zusammenballt – zum Fetisch, auf den die Attribute der Wahrheit sich übertragen. Unvergleichlich viel leichter, das Armselige darin zu spüren, darüber sich zu entrüsten oder es zu belächeln, als ihm stringent zu begegnen. Auch die wunderlichen Zumutungen der jüngsten Gestalt der Auflösung des Wahrheitsbegriffs, in manchen – nicht allen – Richtungen des logischen Positivismus, springen in die Augen, während sie gleichzeitig auf ihrem eigenen Boden sehr schwer nur sich widerlegen lassen. Denn das setzte eben jene Beziehungen des Gedankens auf die Sache, jene Erfahrung voraus, die im Namen der Verwandlung des Denkens in eine von der Sache möglichst unabhängige Methode zum alten Eisen geworfen wird. Zeitgemäß ist jener alte common sense, der, während er auf die eigene Vernünftigkeit so viel sich zugute tut, gleichzeitig hämisch der Vernunft abschwört, wissend, daß es in der Welt nicht auf den Gedanken ankommt, sondern auf Besitz und Macht, und der es auch gar nicht anders will. Was sich als die unbestechliche Skepsis dessen geriert, der sich keinen blauen Dunst vormachen lassen will, ist das Achselzucken des Bürgers, »was wird schon sein«, wie es an einer Stelle von Becketts ›*Endspiel*‹ heißt, die befriedigte Verkündung der subjektiven Relativität aller Erkenntnis. Sie läuft darauf hinaus, daß das sture und verblendete subjektive Eigeninteresse das Maß aller Dinge sein und bleiben solle.

Man kann das an der Geschichte eines der wichtigsten gesellschaftstheoretischen Begriffe wie im Reagenzglas studieren, dessen der Ideologie. In seiner vollen theoretischen Ausbildung war der Ideologiebegriff an eine Lehre von der Gesellschaft geknüpft, die sich als objektiv verstand, den objektiven Bewegungsgesetzen der Gesellschaft nachfragte und eine richtige Gesellschaft dachte, eine, in der objektive Vernunft realisiert, die Illogizität der Geschichte, ihre blinden Widersprüche beseitigt wären. Ideologie hieß dieser Theorie gesellschaftlich notwendiges falsches Bewußtsein, also der Gegensatz zu einem wahren, und war nur in diesem Gegensatz zu bestimmen, zugleich aber selbst ableitbar aus objektiven gesellschaftlichen Gesetzmäßigkeiten, zumal aus der Struktur der Warenform. Noch in ihrer Unwahrheit, als Ausdruck solcher Notwendigkeit, war Ideologie auch ein Stück Wahrheit. Die spätere Wissenssoziologie, insbesondere die von Pareto und Mannheim, hat sich etwas auf ihre wissenschaftlich geläuterte Begrifflichkeit und dogmenfreie Aufgeklärtheit zugute getan, als sie diesen Ideologiebegriff durch einen ersetzte, den sie nicht zufällig den totalen nannte und der mit blinder, totaler Herrschaft nur allzu gut sich zusammenreimte[5]. Jegliches Bewußtsein soll demnach vorweg interessenbedingt, bloße Meinung sein; die Idee der Wahrheit selbst

5 Vgl. Ideologie, in: *Soziologische Exkurse, Frankfurter Beiträge zur Soziologie, Bd. 4*, Frankfurt 1956, S. 162 ff.

verdünnt sich zu einer aus diesen Meinungen zu komponierenden Perspektive, ungeschützt gegen den Einwand, auch sie sei nichts als Meinung, die der freischwebenden Intelligenz. Durch solche universale Erweiterung verliert der kritische Ideologiebegriff seinen Sinn. Weil, der lieben Wahrheit zu Ehren, alle Wahrheiten doch bloß Meinungen seien, weicht die Idee von Wahrheit der Meinung. Die Gesellschaft wird von der Theorie nicht länger kritisch analysiert, sondern bestätigt als das, wozu sie real zunehmend wird, ein Chaos ungelenkter, zufälliger Ideen und Kräfte, deren Blindheit das Ganze dem Untergang zutreibt. – Wie schwer die von Nietzsche großartig antizipierte Selbstvernichtung der Wahrheit durch einen unreflektiert losgelassenen Prozeß von Aufklärung zu nehmen ist, läßt an eben solchen Exzentrizitäten sich beobachten wie der Stellung zur pathischen Meinung par excellence, zum Aberglauben. Kant, subjektiver Aufklärer im Namen objektiver Wahrheit, hatte den Aberglauben in seiner gegen Swedenborg gerichteten Schrift ›Träume eines Geistersehers‹ bloßgestellt. Manche Empiristen, die zwar im Gegensatz zu Kant von konstitutiver Subjektivität nichts wissen wollen, dafür aber in ihrer Reduktion des Wahrheitsbegriffs einem seiner selbst unbewußten und darum nur um so ungehemmteren Subjektivismus huldigen, stehen gegen den Aberglauben längst nicht mehr so entschieden. Sie wären geneigt, sich auch ihm gegenüber auf die Neutralität eines begriffslos beobachtenden Wissenschaftsbetriebs zurückzuziehen. Auch okkulten Tatsachen könne man abwartend, beobachtend, vorurteilslos sich nähern. Man begibt sich des Rechts, den Schwindel von der Schwelle fortzuweisen, der darin besteht, daß, was dem eigenen Sinn nach die Grenzen der Möglichkeit sinnlicher Erfahrung überschreitet, zum Gegenstand solcher Erfahrung soll gemacht werden können. Man ist noch dem Wahn gegenüber aufgeschlossen. Es gibt auch falsche Vorurteilslosigkeit, das Abschneiden des Gedankens, das sich besinnungslos den isolierten Materialien der Erkenntnis anvertraut; was Vorurteil und was Vorurteilslosigkeit sei, läßt sich überhaupt nicht abstrakt angeben, sondern entscheidet sich allein in dem Zusammenhang der Erkenntnis wie der Realität, in dem die Frage danach sich stellt. Schon fehlt es, in einer zur Apologetik gestimmten Wissenschaft, nicht an solchen, die sogar die pathischen Vorurteile gelassen verzeichnen und ihre theoretische Durchdringung, ihre Reduktion auf soziale und psychologische Defekte, selber als Vorurteil abtun, während ihrer Meinung zufolge vorurteilslose Wissenschaft genauso gut ein Koordinatensystem zu bilden vermöchte, in dem, wie bei dem verstorbenen Marburger Psychologen Jaensch, die *Authoritarian Personality* zum Positiven würde und die potentiell freien Menschen, die ihr widerstehen, zu dekadenten Schwächlingen. Dahin ist es nicht weit für eine wissenschaftliche Gesinnung, die am Begriff der Wahrheit sich desinteressiert und sich begnügt mit der Herstellung mehr oder minder in sich einstimmiger klassifikatorischer Systeme, in denen man das Beobachtete elegant einfangen kann.

Daß die pathische Meinung der sogenannten normalen immanent ist, zeigt drastisch sich daran, daß, in krassem Widerspruch zu der offiziellen Unterstellung einer vernünftigen Gesellschaft von Vernünftigen, grundlose und unsinnige Vorstellungen jeglichen Schlages keineswegs die Ausnahme, keineswegs im Abnehmen sind. Mehr als die Hälfte der Bevölkerung der Bundesrepublik ist der Ansicht, es sei an der gleichen Astrologie etwas dran, die schon in der Frühzeit der bürgerlichen Epoche, als die Methoden wissenschaftlicher Kritik noch nicht so entwickelt waren wie heute, Leibniz als die einzige Wissenschaft bezeichnete, für die er nichts hege als Verachtung. Wie viele Menschen immer noch ungezählte Male widerlegten Anschauungen der Rassentheorie anhängen, etwa der Überzeugung, irgendwelche Schädelmerkmale gingen mit Charaktereigenschaften zusammen, ist wohl nur deshalb nicht nachweisbar, weil eine solche Angst vor den Ergebnissen von Umfragen in der Bundesrepublik herrscht, die dem nachgingen, daß sie gar nicht erst angestellt werden. Die Überzeugung, Rationalität sei das Normale, ist falsch. Unterm Bann der zähen Irrationalität des Ganzen ist normal auch die Irrationalität der Menschen. Sie und die Zweckrationalität ihres praktischen Handelns klaffen weit auseinander, aber Irrationalität ist stets auf dem Sprung, auch diese Zweckrationalität, im politischen Verhalten, zu überfluten. Daher rührt eine der ernstesten all der Schwierigkeiten, denen der Begriff der öffentlichen Meinung, in ihrem Verhältnis zur privaten, begegnet. Soll öffentliche Meinung legitim jene Kontrollfunktion ausüben, welche ihr seit Locke die Theorie einer demokratischen Gesellschaft zuschreibt, dann muß sie selbst in ihrer Wahrheit kontrollierbar sein. Gegenwärtig gilt sie für kontrollierbar bloß als der statistische Durchschnittswert der Meinungen aller Einzelnen. In diesem Durchschnittswert müssen notwendig die Irrationalitäten jener Meinung, das Moment ihrer Beliebigkeit und sachlichen Unverbindlichkeit, wiederkehren; sie wäre also gerade nicht jene objektive Instanz, die sie dem eigenen Begriff nach, als Korrektiv fehlbarer politischer Einzelhandlungen, zu sein beansprucht. Wollte man jedoch statt dessen die öffentliche Meinung deren sogenannten Organen gleichsetzen, die mehr wüßten und verständen, so würde zu ihrem Kriterium dieselbe Verfügung über die Mittel der Massenkommunikation, deren Kritik nicht die unwesentlichste Aufgabe der öffentlichen Meinung darstellt. Die öffentliche Meinung gar der einer Schicht gleichzusetzen, die sich selbst als Elite versteht, wäre darum unverantwortlich, weil in einer solchen Gruppe das wirkliche Sachverständnis, und damit die Möglichkeit eines Urteils, das mehr taugt als bloße Meinung, unauflöslich verstrickt ist in Partikularinteressen, die jene Elite wahrnimmt, als ob es die allgemeinen wären. Im Augenblick, in dem eine Elite als solche sich weiß und erklärt, macht sie sich schon zum Gegenteil dessen, was sie zu sein beansprucht, und leitet aus Umständen, die ihr vielleicht manches an rationaler Einsicht gestatten, irrationale Herrschaft ab. Elite mag man in Gottes Namen sein; niemals darf man als solche sich fühlen. Wollte man indessen, angesichts von derlei Aporien, den Begriff der öffentlichen Meinung einfach ausstreichen, auf sie ganz verzichten, so fiele damit doch wiederum ein Moment weg, das noch in einer antagonistischen Gesellschaft, solange sie nicht zur totalitären übergegangen ist, das Schlimmste verhindern kann. Die Revision des Dreyfus-Prozesses, auch der Sturz eines niedersächsischen Kultusministers durch den Widerstand der Göttinger Studenten wären ohne öffentliche Meinung nicht möglich gewesen. Zumal in westlichen Ländern bewahrt sie sich bis in die Zeiten der verwalteten Welt hinein etwas von der Funktion, die sie einmal im Kampf mit dem Absolutismus innehatte. In Deutschland freilich, wo die öffentliche Meinung als wie sehr auch problematische Stimme eines selbständigen Bürgertums nie recht sich formierte, ist ihr auch heute, da sie erstmals kräftiger sich zu regen scheint, etwas von der alten Ohnmacht gesellt.

Die charakteristische Gestalt absurder Meinung heute ist der Nationalismus[6]. Mit neuer Virulenz steckt er die gesamte Welt an, in einer Phase, in der er zugleich durch den Stand der technischen Produktivkräfte, die potentielle Bestimmung der Erde als eines Planeten, zumindest in den nicht unterentwickelten Ländern, seine reale Basis verloren hat und gänzlich zu der Ideologie geworden ist, die er freilich immer auch schon war. Im Privatleben ist

6 Vgl. Text S. 134

Selbstlob und was ihm ähnelt anrüchig, weil Äußerungen solchen Sinnes allzuviel von der Übergewalt des Narzißmus ausplaudern. Je befangener die Individuen in sich selbst sind und je verhängnisvoller sie die Einzelinteressen verfolgen, die in jener Gesinnung sich abbilden und deren sture Gewalt auch wiederum von ihr verstärkt wird, desto sorgfältiger muß eben dies Prinzip verschwiegen, muß unterstellt werden, es gehe, wie der nationalsozialistische Slogan lautete, Gemeinnutz vor Eigennutz. Gerade die Kraft des Tabus über dem individuellen Narzißmus jedoch, dessen Verdrängung, verleiht dem Nationalismus die perniziöse Macht. Im Leben des Kollektivs geht es anders zu als nach den Spielregeln in den Beziehungen zwischen den Individuen. Schon bei jedem Fußballmatch jubelt die jeweils einheimische Bevölkerung unter Mißachtung des Gastrechts schamlos dem eigenen Team zu; der heute nicht umsonst so gern en canaille behandelte Anatole France konstatierte in der Insel der Pinguine, daß jedes Vaterland über allen in der Welt ist. Man müßte nur die Normen des bürgerlichen Privatlebens ernst nehmen und zu gesellschaftlichen erheben. Aber eine derart gutmütige Empfehlung verkennt die Unmöglichkeit, daß es dazu komme unter Bedingungen, die den Einzelnen solche Versagungen auferlegen, ihren individuellen Narzißmus so konstant enttäuschen, sie real so sehr zur Ohnmacht verdammen, daß sie zu kollektivem Narzißmus verurteilt sind. Ersatzweise zahlt er ihnen dann gleichsam als Individuen etwas von jener Selbstachtung zurück, die ihnen dasselbe Kollektiv entzieht, von dem sie die Rückerstattung erhoffen, indem sie wahnhaft mit ihm sich identifizieren. Der Glaube an die Nation ist mehr als jedes andere pathische Vorurteil die Meinung als Verhängnis; die Hypostasis dessen, wozu man nun einmal gehört, wo man nun einmal steht, als des Guten und Überlegenen schlechthin. Er bläht die abscheuliche Notstandsweisheit, daß wir alle im gleichen Boot sitzen, zur moralischen Maxime auf. Gesundes Nationalgefühl vom pathischen Nationalismus zu scheiden, ist so ideologisch wie der Glaube an die normale Meinung gegenüber der pathogenen; unaufhaltsam ist die Dynamik des angeblich gesunden Nationalgefühls zum überwertigen, weil die Unwahrheit in der Identifikation der Person mit dem irrationalen Zusammenhang von Natur und Gesellschaft wurzelt, in dem die Person zufällig sich findet.

Angesichts alles dessen bleibt es bei dem Diktum Hegels, der bereits den Widerspruch im Inneren des Begriffs der öffentlichen Meinung selbst gewahrte, ehe er sich real voll entfalten konnte: die öffentliche Meinung sei zugleich zu achten und zu verachten. Das Paradoxon rührt nicht von schwankender Unentschiedenheit derer her, die über Meinung nachzudenken haben, sondern ist unmittelbar eins mit dem Widerspruch der Realität, der die Meinung gilt und von der die Meinung produziert wird. Keine Freiheit ohne die Meinung, die von der Realität abweicht; aber solche Abweichung gefährdet die Freiheit. Die Idee der freien Meinungsäußerung, die von der Idee einer freien Gesellschaft gar nicht getrennt werden kann, wird notwendig zu dem Recht, die eigene Meinung vorzubringen, zu verfechten und womöglich durchzusetzen, auch wenn sie falsch, irr, verhängnisvoll ist. Wollte man aber darum das Recht der freien Meinungsäußerung beschneiden, so steuerte man unmittelbar auf jene Tyrannei los, die freilich mittelbar in der Konsequenz von Meinung selbst liegt. Der Antagonismus im Begriff der freien Meinungsäußerung läuft darauf hinaus, daß dieser die Gesellschaft als die von Freien, Gleichen und Mündigen setzt, während ihre eigene reale Einrichtung all das hintanhält und einen Zustand permanenter Regression der Subjekte produziert und reproduziert. Das Recht auf freie Meinungsäußerung unterstellt eine Identität des Einzelwesens und seines

Bewußtseins mit dem rationalen Gesamtinteresse, welche in eben der Welt verhindert wird, in der man sie der Form nach als gegeben ansieht.

Heute ist es vollends problematisch, der bloßen Meinung im Namen von Wahrheit zu opponieren, weil zwischen jener und der Realität eine fatale Wahlverwandtschaft sich herstellt, die dann wiederum der Verstocktheit der Meinung zugute kommt. Sicherlich ist die Meinung der Närrin, die ihr Bett im Schlafzimmer anders aufstellen läßt, um sich vor der Gefahr bösartiger Strahlungen zu schützen, pathogen. Aber die Gefahr von Strahlen in der atomverseuchten Welt ist so angewachsen, daß ihre Sorge nachträglich von derselben Vernunft honoriert wird, der ihr psychotischer Charakter sich entzieht. Die objektive Welt nähert sich dem Bild, das der Verfolgungswahn von ihr entwirft. Davor bleibt der Begriff des Verfolgungswahns, und die pathische Meinung insgesamt, nicht geschützt. Wer heute noch das Pathogene der Realität mit den traditionellen Kategorien des Menschenverstandes zu begreifen hofft, verfällt der gleichen Irrationalität, vor der er sich durch seine Treue zum gesunden Menschenverstand zu sichern einbildet.

Man mag die allgemeine Bestimmung riskieren, die pathische Meinung sei die verhärtete, das verdinglichte Bewußtsein, die lädierte Fähigkeit zur Erfahrung. Die seit der Platonischen Kritik an der Sophistik nachgeredete Identifikation der *doxa* mit bloß subjektiver Vernunft nennt denn auch nur ein Moment. Meinung, und gewiß die pathische, ist immer zugleich auch Mangel an Subjektivität und gesellt sich deren Schwäche. Den Platonischen Karikaturen der fuchtelnden Widersacher des Sokrates ist das deutlich eingezeichnet. Wo das Subjekt die Kraft zur vernünftigen Synthesis nicht mehr hat oder sie, verzweifelnd vor Übermacht, verleugnet, dort nistet Meinung sich ein. Meist ist es mit dem Subjektivismus dabei gar nicht weit her; vielmehr redet auf ihn automatisch fast Bewußtsein sich heraus, das gerade nicht jenes Selbstbewußtsein ist, dessen die Erkenntnis bedarf, um objektiv zu geraten. Was das Subjekt im Namen von Meinung sich als private Prärogative zuschreibt, ist durchweg nur der Abdruck der objektiven Verhältnisse, in die es eingelassen ist. Seine vermeintliche Meinung wiederholt die geronnene aller. Dem Subjekt, das keine genuine Beziehung zur Sache hat; das abprallt von ihrer Fremdheit und Kälte, wird alles, was es darüber sagt, für es selbst und auch an sich, zu bloßer Meinung, einem Reproduzierten und Registrierten, das ebenso auch anders sein könnte. Die subjektivistische Reduktion auf die Zufälligkeit individuellen Bewußtseins fügt sich genau in den unterwürfigen Respekt vor einer Objektivität, die solches Bewußtsein unangefochten stehen läßt und der es die Reverenz zeigt noch in der Versicherung, was immer es denke, sei angesichts ihrer Gewalt unverbindlich; nach deren Maß sei Vernunft überhaupt nichts. In der Zufälligkeit des Meinens spiegelt sich der Riß zwischen Objekt und Vernunft. Das Subjekt ehrt die Mächte, indem es zur eigenen Zufälligkeit sich erniedrigt. Darum ist der Stand pathischer Meinung durch das bloße Bewußtsein kaum zu ändern. Die Verdinglichung des Bewußtseins, das zur Dingwelt überläuft, vor ihr kapituliert, ihr sich gleichmacht; die verzweifelte Anpassung dessen, der die Kälte und Übergewalt der Welt anders nicht zu bestehen vermag, als indem er sie womöglich überbietet, gründet in der verdinglichten, der Unmittelbarkeit menschlicher Beziehungen entäußerten, vom abstrakten Prinzip des Tausches beherrschten Welt. Gibt es wirklich kein richtiges Leben im falschen, so kann es eigentlich auch kein richtiges Bewußtsein darin geben. Nur real, nicht durch ihre intellektuelle Berichtigung allein wäre über die falsche Meinung hinauszukommen. Ein Bewußtsein, das heute und hier jener Verhärtung der Meinung ganz entsagte, die das pathische Prinzip ist, wäre ebenso problematisch wie jene Verhärtung selbst. Es verfiele dem flüchtigen strukturlosen Wechsel von Anschauung zu Anschauung, jenem molluskenhaften Unwesen, das an manchen sogenannten feinsinnigen Menschen sich beobachten läßt, und das zur Synthesis der Einsicht gar nicht erst gelangt, die dann im verdinglichten Bewußtsein einfriert. Ein solches, gewissermaßen paradiesisches Bewußtsein wäre a priori der Realität unangemessen, die es zu erkennen hat und die das Verhärtete selbst ist. Jegliche Anweisung zum richtigen Bewußtsein wäre vergeblich. Eigentlich besteht es nur in der Anstrengung, unermüdlich auf seine Aporien und auf sich selber zu reflektieren.

Die *angelsächsische* Gestalt des Problems von Meinung ist die Aufweichung von Wahrheit durch Skepsis. Die objektive Erkenntnis der Realität, und damit die Frage ihrer Gestaltung, wird auf die erkennenden Subjekte reduziert, so wie deren in keinem objektiven Oberbegriff versöhnte Interessen nach der Doktrin des Liberalismus das Ganze blindlings reproduzieren sollen, das sie doch zugleich immerfort zu zerreißen drohen. Der latente, sich selbst verborgene Subjektivismus der objektiv-szientifischen Gesinnung des angelsächsischen Kulturkreises geht zusammen mit Mißtrauen gegen ungezügelte Subjektivität, mit der steten, bereits automatisierten Neigung, Erkenntnisse durch den Hinweis auf ihre Bedingtheit im Erkennenden zu relativieren. Mit starken Affekten wird das Bewußtsein vom eigenen Subjektivismus, das Gedächtnis daran abgewehrt, daß die Position, die man selbst einnimmt, keine andere Rechtsquelle hat als das in letzter Instanz bloßen Individuen unmittelbar Gegebene und damit schließlich die Meinung. – Die *deutsche* Versuchung, wenn nicht die all der Völker, die östlich des mittelländischen Kulturkreises leben und niemals ganz latinisiert wurden, ist demgegenüber die unansprechbare Verhärtung der Idee objektiver Wahrheit, welche diese nicht minder zu einem nur Subjektiven macht, als die Meinung es ist. Der Kapitulation vor undurchdrungenen Fakten und der Anpassung des Gedankens an die je bestehende Realität im Westen entspricht in Deutschland der Mangel an Selbstbesinnung, die Unerbittlichkeit des Größenwahns. Beide Gestalten des Bewußtseins, die, welche vor den Tatsachen sich beugt, und die, welche sich als Souverän oder Schöpfer der Tatsachen verkennt, sind wie die auseinandergesprungenen Hälften der Wahrheit, die in der Welt nicht sich realisierte und deren Scheitern auch den Gedanken schlägt. Aus ihren Stücken läßt die Wahrheit nicht sich zusammenflicken. Im Effekt verstehen sie sich gar nicht schlecht: wer die Welt, in der man sein Plätzchen sucht, so läßt, wie sie ist, bestätigt sie als das wahre Sein, als eben das Gesetz, das sie ist und von dem der herrschaftliche Geist sich einbildet, er sei es selber. Die traditionelle deutsche Metaphysik, und der Geist, der sie hervorbrachte und in dem sie nachlebt, verbeißt sich in die Wahrheit und fälscht sie tendenziell in ein beliebig Gemeintes, eine ewige pars pro toto. Der Positivismus sabotiert Wahrheit durch den Verweis auf angeblich bloße Meinung und nimmt dadurch deren Partei, daß ihm nichts übrigbleibt als sie. Gegen beides hilft nichts als die unbeirrte Anstrengung von Kritik. Wahrheit hat keinen Ort als den Willen, der Lüge von Meinung zu widerstehen.

Der Gedanke, wahrscheinlich nicht erst der von heute, erprobt sich in der Liquidation der Meinung: buchstäblich der herrschenden. Diese ist nicht bloße Unzulänglichkeit der Erkennenden, sondern ihnen aufgedrungen von der gesellschaftlichen Gesamtverfassung und damit von den Herrschaftsverhältnissen. Ihre Verbreitung gewährt einen ersten Index des Falschen: wie weit die Gedankenkontrolle durch Herrschaft reicht. Deren Signatur ist die Banalität. Daß das Banale, als Selbstverständliches, unproblematisch sei; daß darüber dann schichtenweise das Differenziertere sich erhebe, ist selbst ein Stück jener Meinung, die zu liquidieren wäre. Das Banale kann nicht wahr sein. Was, in einem falschen Zustand, von allen akzeptiert wird, hat, indem es diesen Zustand als den ihren bestätigt, vor jedem besonderen Inhalt schon sein ideologisches Unwesen. Kruste verdinglichter Meinungen, beschirmt es das Bestehende und sein Gesetz. Dagegen sich zu wehren, ist allein noch nicht die Wahrheit und mag leicht genug in der abstrakten Negation verkommen. Aber es ist das Agens jenes Prozesses, ohne den Wahrheit nicht ist. Die Kraft des Gedankens jedoch mißt sich daran, daß er im Bestreben, Meinung zu liquidieren, nicht allzu leicht dadurch sich befriedigt, daß er bloß nach außen sich zuspitzt. Er soll der Meinung auch in sich selbst widerstehen. Nämlich der jeweiligen Position oder Richtung, der im Stand totaler Vergesellschaftung zugehört noch, wer leidenschaftlich sich dagegen sträubt. Sie bildet in ihm selber das Moment von Meinung, das er reflektieren, dessen Beschränktheit er sprengen muß. Schlecht am Gedanken ist all das, was ungebrochen solche Position wiederholt; was so redet wie jene, die vorweg mit dem Autor gleicher Meinung sind. In diesem Habitus wird der Gedanke stillgestellt, zum bloßen Vortrag eines Akzeptierten erniedrigt und unwahr. Denn er drückt, was er nicht durchdrungen hat, aus, als wäre es sein Resultat. Kein Gedanke, dem nicht Reste solcher Meinung innewohnen. Sie sind ihm notwendig und äußerlich zugleich. Element des Denkens ist, sich treu zu bleiben, indem es an diesen Momenten sich negiert. Das ist die kritische Gestalt des Gedankens. Sie erst, nicht sein befriedigtes Einverständnis mit sich selbst mag zur Veränderung helfen.

Nachweise

Wozu noch Philosophie
ursprünglich ein Vortrag, übertragen vom Hessischen Rundfunk im Januar 1962, veröffentlicht in: *Merkur*, November 1962. Überarbeitet.
Philosophie und Lehrer
ursprünglich ein Vortrag im Frankfurter Studentenhaus; im November 1961 übertragen vom Hessischen Rundfunk; publiziert in: *Neue Sammlung*, März/April 1962.
Notiz über Geisteswissenschaft und Bildung
publiziert in: *4 daten. Standorte – Konsequenzen*, 1962.
Jene zwanziger Jahre
veröffentlicht in: *Merkur*, Januar 1962.
Prolog zum Fernsehen
publiziert in: *Rundfunk und Fernsehen*, Heft 2, 1953.
Fernsehen als Ideologie
entstanden aus einer amerikanischen Arbeit des Autors ›How to look at Television‹, in: *The Quarterly of Film Radio and Television*, Vol. VIII, Spring 1954, p. 214; deutsch erstmals publiziert in: *Rundfunk und Fernsehen*, Heft 4, 1953.
Sexualtabus und Recht heute
publiziert in: Fischer Bücherei, Bd. 518/19 *Sexualität und Verbrechen*, Frankfurt und Hamburg 1963.
Was bedeutet: Aufarbeitung der Vergangenheit
Vortrag vor dem Koordinierungsrat für Christlich-Jüdische Zusammenarbeit, Herbst 1959; publiziert in: *Bericht über die Erzieherkonferenz*, Wiesbaden, November 1959.
Meinung Wahn Gesellschaft
Vortrag, gehalten in Bad Wildungen auf den von der Hessischen Landesregierung veranstalteten Hochschulwochen für staatswissenschaftliche Fortbildung, Oktober 1960; publiziert in: *Der Monat*, 14. Jg., Dezember 1961. Erweitert und überarbeitet.

3/1/6.87

Blick übers Meer. Chinesische Erzählungen aus Taiwan. es 1129
Bloch: Kampf, nicht Krieg. Politische Schriften 1917-1919. es 1167
Boal: Theater der Unterdrückten. es 987
Böhme: Prolegomena zu einer Sozial- und Wirtschaftsgeschichte Deutschlands. es 253
Böni: Alvier. Erzählungen. es 1146
Bohrer: Plötzlichkeit. es 1058
Bond: Gesammelte Stücke 1/2. es 1340
Bottroper Protokolle, aufgezeichnet von Erika Runge. es 271
Botzenhart: Reform, Restauration, Krise. Deutschland 1789-1847. NHB. es 1252
Bovenschen: Die imaginierte Weiblichkeit. es 921
Brandão: Kein Land wie dieses. es 1236
Brasch: Engel aus Eisen. es 1049
Braun: Berichte von Hinze und Kunze. es 1169
Brecht: Der aufhaltsame Aufstieg des Arturo Ui. es 144
– Aufstieg und Fall der Stadt Mahagonny. es 21
– Ausgewählte Gedichte. es 86
– Baal. Drei Fassungen. es 170
– Baal. Der böse Baal der asoziale. es 248
– Das Badener Lehrstück. Die Rundköpfe. Die Ausnahme. es 817
– Der Brotladen. Ein Stückfragment. es 339
– Buckower Elegien. es 1397
– Die Dreigroschenoper. es 229
– Einakter und Fragmente. es 449
– Furcht und Elend des Dritten Reiches. es 392
– Gesammelte Gedichte. 4 Bde. es 835 – es 838
– Gedichte und Lieder aus Stükken. es 9
– Die Geschäfte des Herrn Julius Caesar. es 332
– Die Gesichte der Simone Machard. es 369
– Die Gewehre der Frau Carrar. es 219
– Der gute Mensch von Sezuan. es 73
– Die heilige Johanna der Schlachthöfe. es 113
– Herr Puntila und sein Knecht Matti. Volksstück. es 105
– Im Dickicht der Städte. es 246
– Der Jasager und Der Neinsager. es 171
– Der kaukasische Kreidekreis. es 31
– Kuhle Wampe. es 362
– Leben des Galilei. es 1
– Leben Eduards des Zweiten von England. es 245
– Mann ist Mann. es 259
– Die Maßnahme. es 415
– Mutter Courage und ihre Kinder. es 49
– Die Mutter. es 200
– Gesammelte Prosa. 4 Bde. es 182 – es 185
– Schweyk im zweiten Weltkrieg. es 132
– Stücke. Bearbeitungen. 2 Bde. es 788/789
– Die Tage der Commune. es 169
– Tagebücher 1920-1922. Autobiographische Aufzeichnungen 1920-1954. es 979
– Trommeln in der Nacht. es 490
– Der Tui-Roman. es 603

3/2/6.87

– Über den Beruf des Schauspielers. es 384
– Über die bildenden Künste. es 691
– Über experimentelles Theater. es 377
– Über Lyrik. es 70
– Über Politik auf dem Theater. es 465
– Über Politik und Kunst. es 442
– Über Realismus. es 485
– Das Verhör des Lukullus. Hörspiel. es 740
Brecht-Journal. es 1191
Brecht-Journal 2. es 1396
Brunkhorst: Der Intellektuelle im Lande der Mandarine. es 1403
Buch: Der Herbst des großen Kommunikators. es 1344
– Waldspaziergang. es 1412
Bürger: Theorie der Avantgarde. es 727
Buro/Grobe: Vietnam! Vietnam? es 1197
Celan: Ausgewählte Gedichte. Zwei Reden. es 262
Cortázar: Letzte Runde. es 1140
– Reise um den Tag in 80 Welten. es 1045
Deleuze/Guattari: Kafka. Für eine kleine Literatur. es 807
Deleuze/Parnet: Dialoge. es 666
Derrida: Die Stimme und das Phänomen. es 945
Determinanten der westdeutschen Restauration 1945-1949. Von H.-U. Huster u. a. es 575
Ditlevsen: Gesichter. es 1165
– Sucht. Erinnerungen. es 1009
– Wilhelms Zimmer. es 1076
Takeo Doi: Amae. Freiheit in Geborgenheit. es 1128
Dorst: Toller. es 294
Dubiel: Was ist Neokonservatismus? es 1313
Duerr: Satyricon. Essays und Interviews. es 1346
– Traumzeit: es 1345
Duras: Sommer 1980. es 1205
Duras/Porte: Die Orte der Marguerite Duras. es 1080
Eco: Zeichen. es 895
Eich: Botschaften des Regens. Gedichte. es 48
Elias: Humana conditio. es 1384
Enzensberger: Blindenschrift. es 217
– Deutschland, Deutschland unter anderm. es 203
– Einzelheiten I. Bewußtseins-Industrie. es 63
– Einzelheiten II. Poesie und Politik. es 87
– Die Furie des Verschwindens. Gedichte. es 1066
– Landessprache. Gedichte. es 304
– Palaver. Politische Überlegungen (1967-1973). es 696
– Das Verhör von Habana. es 553
– Der Weg ins Freie. Fünf Lebensläufe. es 759
Esser: Gewerkschaften in der Krise. es 1131
Faszination der Gewalt. Friedensanalysen 17. es 1141
Feminismus. Hg. v. Luise F. Pusch. es 1192
Feyerabend: Erkenntnis für freie Menschen. es 1011
– Wissenschaft als Kunst. es 1231
Foucault: Psychologie und Geisteskrankheit. es 272
Fragment und Totalität. Hg. v. Dällenbach und Hart Nibbrig es 1107
Frank: Der kommende Gott. es 1142

– Die Unhintergehbarkeit von Individualität. es 1377
– Was ist Neostrukturalismus? es 1203
Frauen in der Kunst. 2 Bde. es 952
Frevert: Frauen-Geschichte. NHB. es 1284
Frisch: Biedermann und die Brandstifter. es 41
– Die Chinesische Mauer. es 65
– Don Juan oder Die Liebe zur Geometrie. es 4
– Frühe Stücke. es 154
– Graf Öderland. es 32
Gerhard: Verhältnisse und Verhinderungen. es 933
Geyer: Deutsche Rüstungspolitik (1860–1980). NHB. es 1246
Goetz: Hirn. Krieg. 2 Bde. es 1320
Goffman: Asyle. es 678
– Geschlecht und Werbung. es 1085
Gorz: Der Verräter. es 988
Gröner: Ein rasend hingehauchtes Herbsteslicht. Bergeller Gedichte. es 1371
Habermas: Eine Art Schadensabwicklung. es 1453
– Legitimationsprobleme im Spätkapitalismus. es 623
– Die Neue Unübersichtlichkeit. es 1321
– Technik und Wissenschaft als Ideologie. es 287
Hänny: Zürich, Anfang September. es 1079
Handke: Die Innenwelt der Außenwelt der Innenwelt. es 307
– Kaspar. es 322
– Phantasien der Wiederholung. es 1168
– Publikumsbeschimpfung. es 177
– Der Ritt über den Bodensee. es 509
– Wind und Meer. Vier Hörspiele. es 431
Hawkes: Travestie. es 1326
Heimann: Soziale Theorie des Kapitalismus. es 1052
Henrich: Konzepte. es 1400
Hentschel: Geschichte der deutschen Sozialpolitik (1880–1980). NHB. es 1247
Hesse: Tractat vom Steppenwolf. es 84
Die Hexen der Neuzeit. Hg. von C. Honegger. es 743
Hilfe + Handel = Frieden? Friedensanalysen 15. es 1097
Hobsbawm: Industrie und Empire 1/2. es 315/316
Imperialismus und strukturelle Gewalt. Hg. von D. Senghaas. es 563
Irigaray: Speculum. es 946
Jahoda/Lazarsfeld/Zeisel: Die Arbeitslosen von Marienthal. es 769
Jakobson: Kindersprache, Aphasie und allgemeine Lautgesetze. es 330
Jasper: Die gescheiterte Zähmung. NHB. es 1270
Jauß: Literaturgeschichte als Provokation. es 418
Johnson: Der 5. Kanal. es 1336
– Begleitumstände. Frankfurter Vorlesungen. es 1019
– Karsch, und andere Prosa. es 59
Jones: Frauen, die töten. es 1350
Joyce: Werkausgabe in 6 Bdn. es 1434 – es 1439
Bd. 1 Dubliner. es 1434
Bd. 2 Stephen der Held. es 1435
Bd. 3 Ulysses. es 1100
Bd. 4 Kleine Schriften. es 1437

3/4/6.87

3/5/6.87

Lohn: Liebe. Zum Wert der Frauenarbeit. Hg. von A. Schwarzer. es 1225
Lukács: Gelebtes Denken. es 1088
Maeffert: Bruchstellen. es 1387
Männersachen. Hg. von H.-U. Müller-Schwefe. es 717
Mandel: Marxistische Wirtschaftstheorie 1/2. es 595/596
– Der Spätkapitalismus. es 521
Marcus: Umkehrung der Moral. es 903
Marcuse: Ideen zu einer kritischen Theorie der Gesellschaft. es 300
– Konterrevolution und Revolte. es 591
– Kultur und Gesellschaft 1. es 101
– Kultur und Gesellschaft 2. es 135
– Versuch über die Befreiung. es 329
– Zeit-Messungen. es 770
Gespräche mit Herbert Marcuse. es 938
Mattenklott: Blindgänger. es 1343
Hans Mayer: Anmerkungen zu Brecht. es 143
– Gelebte Literatur. Frankfurter Vorlesungen. es 1427
– Versuche über die Oper. es 1050
Mayröcker: Magische Blätter. es 1202
– Magische Blätter II. es 1421
McKeown: Die Bedeutung der Medizin. es 1109
Medienmacht im Nord-Süd-Konflikt: Friedensanalysen 18. es 1166
Christian Meier: Die Ohnmacht des allmächtigen Dictators Caesar. es 1038
Menninghaus: Paul Celan. es 1026
– Schwellenkunde. es 1349
Menzel/Senghaas: Europas Entwicklung und die Dritte Welt. es 1393
Milosz: Zeichen im Dunkel. es 995
Mitscherlich: Freiheit und Unfreiheit in der Krankheit. es 505
– Krankheit als Konflikt 1. es 164
– Krankheit als Konflikt 2. es 237
– Die Unwirtlichkeit unserer Städte. es 123
Mitterauer: Sozialgeschichte der Jugend. NHB. es 1278
Moderne chinesische Erzählungen. 2 Bde. es 1010
Möller: Vernunft und Kritik. NHB. es 1269
Moser: Eine fast normale Familie. es 1223
– Der Psychoanalytiker als sprechende Attrappe. es 1404
– Romane als Krankengeschichten. es 1304
Muschg: Literatur als Therapie? es 1065
Die Museen des Wahnsinns und die Zukunft der Psychiatrie. es 1032
Mythos ohne Illusion. Mit Beiträgen von J.-P. Vernant u.a. es 1220
Mythos und Moderne. Hg. von K.H. Bohrer. es 1144
Nakane: Die Struktur der japanischen Gesellschaft. es 1204
Nathan: Ideologie, Sexualität und Neurose. es 975
Der Neger vom Dienst. Afrikanische Erzählungen. Hg. von R. Jestel. es 1028

3/6/6.87

Die neue Friedensbewegung. Friedensanalysen 16. es 1143
Ngũgĩ wa Thing'o: Verborgene Schicksale. es 1111
Nizon: Am Schreiben gehen. Frankfurter Vorlesungen. es 1328
Oehler: Pariser Bilder I. es 725
Oppenheim: Husch, husch, der schönste Vokal entleert sich. es 1232
Paetzke: Andersdenkende in Ungarn. es 1379
Paley: Ungeheure Veränderungen in letzter Minute. es 1208
Paz: Der menschenfreundliche Menschenfresser. es 1064
– Suche nach einer Mitte. es 1008
– Zwiesprache. es 1290
Peripherer Kapitalismus. Hg. von D. Senghaas. es 652
Petri: Zur Hoffnung verkommen. es 1360
Pinget: Apokryph. es 1139
Piven/Cloward: Aufstand der Armen. es 1184
Politik der Armut. Hg. von S. Leibfried und F. Tennstedt. es 1233
Populismus und Aufklärung. Hg. von H. Dubiel. es 1376
Powell: Edisto. es 1332
Psychoanalyse der weiblichen Sexualität. Hg. von J. Chasseguet-Smirgel. es 697
Pusch: Das Deutsche als Männersprache. es 1217
Raimbault: Kinder sprechen vom Tod. es 993
Darcy Ribeiro: Unterentwicklung, Kultur und Zivilisation. es 1018
João Ubaldo Ribeiro: Sargento Getúlio. es 1183
Rodinson: Die Araber. es 1051
Roth: Das Ganze ein Stück. es 1399
– Die einzige Geschichte. es 1368
– Krötenbrunnen. es 1319
Rötzer: Denken, das an der Zeit ist. es 1406
Rubinstein: Immer verliebt. es 1337
– Nichts zu verlieren und dennoch Angst. es 1022
– Sterben. es 1433
Rühmkorf: agar agar - zaurzaurim. es 1307
Russell: Probleme der Philosophie. es 207
– Wege zur Freiheit. es 447
Schindel: Ohneland. Gedichte. es 1372
Schlaffer: Der Bürger als Held. es 624
Schleef: Die Bande. es 1127
Schönhoven: Die deutschen Gewerkschaften. NHB. es 1287
Schrift und Materie der Geschichte. Hg. von C. Honegger. es 814
Schröder: Die Revolutionen Englands im 17. Jahrhundert. NHB. es 1279
Schubert: Die internationale Verschuldung. es 1347
Das Schwinden der Sinne. Hg. von D. Kamper und C. Wulf. es 1188
Sechehaye: Tagebuch einer Schizophrenen. es 613
Senghaas: Von Europa lernen. es 1134
– Weltwirtschaftsordnung und Entwicklungspolitik. es 856
– Die Zukunft Europas. es 1339
Simmel: Schriften zur Philosophie und Soziologie der Geschlechter. es 1333
Sinclair: Der Fremde. es 1007

3/7/6.87

Sloterdijk: Der Denker auf der Bühne. es 1353
– Kopernikanische Mobilmachung. es 1375
– Kritik der zynischen Vernunft. 2 Bde. es 1099
Sport-Eros-Tod. es 1335
Staritz: Geschichte der DDR. NHB. es 1260
Stichworte zur »Geistigen Situation der Zeit«. Hg. von J. Habermas. 2 Bde. es 1000
Struck: Kindheits Ende. es 1123
– Klassenliebe. es 629
Szondi: Theorie des modernen Dramas. es 27
Techel: Es kündigt sich an. Gedichte. es 1370
Tendrjakow: Sechzig Kerzen. es 1124
Theorie des Kinos. Hg. von K. Witte. es 557
Thiemann: Schulszenen. es 1331
Thompson: Entstehung der englischen Arbeiterklasse. 2 Bde. es 1170
Thränhardt: Geschichte der Bundesrepublik Deutschland. NHB. es 1267
Tiedemann: Studien zur Philosophie Walter Benjamins. es 644
Todorov: Die Eroberung Amerikas. es 1213
Treichel: Liebe Not. Gedichte. es 1373
Trotzki: Denkzettel. es 896
Vernant: Die Entstehung des griechischen Denkens. es 1150
– Mythos und Gesellschaft im alten Griechenland. es 1381
Versuchungen. Aufsätze zur Philosophie Paul Feyerabends. Hg. von H. P. Duerr. Band 1/2. es 1044/1068
Verteidigung der Schrift. Kafkas ›Prozeß‹. Hg. von F. Schirrmacher. es 1386
Vom Krieg der Erwachsenen gegen die Kinder. Friedensanalysen 19. es 1190
Martin Walser: Eiche und Angora. es 16
– Ein fliehendes Pferd. Theaterstück. es 1383
– Die Gallistl'sche Krankheit. es 689
– Geständnis auf Raten. es 1374
– Heimatkunde. es 269
– Lügengeschichten. es 81
– Selbstbewußtsein und Ironie. Frankfurter Vorlesungen. es 1090
– Wer ist ein Schriftsteller? es 959
– Wie und wovon handelt Literatur. es 642
Wehler: Grundzüge der amerikanischen Außenpolitik 1750–1900. NHB. es 1254
Peter Weiss: Abschied von den Eltern. es 85
– Die Besiegten. es 1324
– Fluchtpunkt. es 125
– Gesang vom Lusitanischen Popanz. es 700
– Das Gespräch der drei Gehenden. es 7
– Der neue Prozeß. es 1215
– Notizbücher 1960-1971. 2 Bde. es 1135
– Notizbücher 1971-1980. 2 Bde. es 1067
– Rapporte. es 276
– Rapporte 2. es 444
– Der Schatten des Körpers des Kutschers. es 53
– Stücke 1. es 833
– Stücke II. 2 Bde. es 910

3/8/6.87

- Die Verfolgung und Ermordung Jean Paul Marats. es 68

Peter Weiss im Gespräch. Hg. von R. Gerlach und M. Richter. es 1303

Wellershoff: Die Auflösung des Kunstbegriffs. es 848

Die Wiederkehr des Körpers. Hg. von D. Kamper und Ch. Wulf. es 1132

Winkler: Die Verschleppung. es 1177

Wippermann: Europäischer Faschismus im Vergleich (1922-1982). NHB. es 1245

Wirz: Sklaverei und kapitalistisches Weltsystem. NHB. es 1256

Wissenschaft im Dritten Reich. Hg. von P. Lundgreen. es 1306

Wittgenstein: Tractatus logico-philosophicus. es 12

Wünsche: Der Volksschullehrer Ludwig Wittgenstein. es 1299

Zimmermann: Vom Nutzen der Literatur. es 885

Ziviler Ungehorsam im Rechtsstaat. Hg. von P. Glotz. es 1214

3/9/6.87